自在的庄子

——《庄子·内篇》解读

全国百佳图书出版单位
时代出版传媒股份有限公司
黄山书社

图书在版编目(CIP)数据

自在的庄子——《庄子·内篇》解读 / 申国君著. —合肥:
黄山书社,2018.5
ISBN 978-7-5461-7475-4

Ⅰ.①自… Ⅱ.①申… Ⅲ.①道家②《庄子》—研究
Ⅳ.①B223.55

中国版本图书馆 CIP 数据核字(2018)第 103833 号

自在的庄子

——《庄子·内篇》解读

申国君 著

出品人 王晓光
责任编辑 欧阳慧娟 李 敏
责任印制 戚 帅 李 磊
装帧设计 钱志刚
出版发行 时代出版传媒股份有限公司(http://www.press-mart.com)
黄山书社(http://www.hspress.cn)
官方直营书店(https://hsss.tmall.com)
营销部电话:0551-63533768 63533788
(合肥市蜀山区翡翠路 1118 号出版传媒广场 7 层 邮编:230071)
经 销 新华书店
印 制 安徽国文彩印有限公司

开本 880mm×1230mm 1/32 印张 4.75 字数 55 千
版次 2018 年 7 月第 1 版 2018 年 7 月第 1 次印刷
书号 ISBN 978-7-5461-7475-4 定价 28.00 元

序

我这样读庄子

庄子是文学大师，又是哲学大师。其文汪洋恣意，其思博大精深。

有人说：“一部伟大的作品，总是表现人性最真切的欲望。”庄子的文章，在变化多端的浪漫主义语言背后，是他对世界、对社会、对人性的独到理解与洞察，是他对人“心”的探究以及关注个体人生、追求一个超越而和谐的心灵王国的升进之路。

人的内心是幽微复杂、丰富活泼的，越是概念的，一定离人心越远。这大概也是人生哲学家本能地不建设“体系”的缘故。庄子没有独立地建设“哲学体系”，但他的哲学思想，却是系统、完整而清晰的；他甚至反对“概念”，他是用文学来表达思想的。所以要获得他完整的思想，重要的是读好他的文学文本，用“心”来感受而不是用“概念”去解释。

读庄子，一定是心灵与精神的对话，因为他关注和解决的，正是我们的人世之谜和人类共有的精神之困。读庄子就是读自己，就是读人生。而我们最终获得的，一定是庄子与我为一，我与庄子同在的精神愉悦、思想跟随以及解自己于“倒悬”的途径和心灵的力量。

两千年前的先哲，离我们毕竟太过久远，远得我们要毫无障碍地读懂他的文字都成为一种奢求。这也就有了说不尽的“道”，讲不完的“庄子”。

但人们热爱庄子，因为他是星空，也是大地。人们迫切需要从浮躁中寻找一份安宁，尤其在这个最有诗意的哲学已经让位于金钱和财富，人们正迷失于物质世界的时代，越发凸显了追寻一颗宁静而自由的心的价值和意义。

人们需要庄子，需要庄子走近大众，但可能不需要概念。人们所追求的，一定是通俗易懂，能切实解决我们生存在这个世界上的精神困惑的。

这些文字，是作者读庄子的心路历程，没有追求观点的标新立异，但一定力求是立足文本、源于文本、贯通文本。

正因如此，这里也便有了自己的观点、自己的角度、自己的感受和自己的表达，也就有了原创性和独特性。希望本书能给读者提供一个不同的视角去解读庄子。

无论如何，这些文字都是庄子思想在我心中绽放的精神之花！

申国君

2018 年 1 月 8 日

目录

大鹏之境“不逍遥”

——兼谈《逍遥游》中的几个哲学问题

一、大鹏之境“不逍遥”

于丹教授在她的《〈庄子〉心得》（自序）中说：

但愿千心万心，有感有悟，性情所至，以庄子之名给自己一些华丽豪迈的梦想，让生命境界摆脱“有用”事功，化为鲲鹏，畅意一回天地遨游……（于丹《〈庄子〉心得》，中国民主法治出版社2007年第1版）

显然，于丹教授是把鲲鹏之境，看作“逍遥”之境了。

台湾大学哲学系教授傅佩荣说：

> 在“大鹏南飞”寓言中，庄子提到一些小东西对大鹏的讥讽，正好可以反映凡人如何看待像庄子这样的哲学家。（傅佩荣《向庄子借智慧》，中华书局2009年第1版）

这里傅先生用“大鹏”比庄子，用“一些小东西”比“凡人”，很容易看出，傅先生也把“大鹏”之境，看作是所谓的“逍遥”之境了。

作者先写了鲲鹏（从开头到“而后乃今将图南”）。写其大：“鲲之大，不知其几千里也”；“鹏之背，不知其几千里也。怒而飞，其翼若垂天之云”。

为了增强真实性，同时也为增强文章的生动灵活性，作者还直接引用了《齐谐》中的文字，再写其飞：“鹏之徙于南冥也，水击三千里，抟扶摇而上者九万里，去以六月息者也。”

这里，一个“徙”字，说明它的高飞南去，是迁徙，是搬家，是它的生存需要，不是“自由地”飞来飞去。而且它需要飞到很高，要达到这样的高度：

野马也，尘埃也，生物之以息相吹也。天之苍苍，其正色邪？其远而无所至极邪？其视下也，亦若是则已矣。（曹础基《庄子浅注》修订重排本，中华书局 2007 年第 3 版，以下同）

这是从大鹏下视的角度来写的，真实，生动，形象。

大鹏虽然很大，飞得也很高，好像还很让人羡慕，但是它并不“逍遥”。因为它需要凭借很重要的条件，下面作者的“议论”就明确地说明了：

且夫水之积也不厚，则其负大舟也无力。覆杯水于坳堂之上，则芥为之舟。置杯焉则胶，水浅而舟大也。风之积也不厚，则其负大翼也无力。故九万里则风斯在下矣，而后乃今培风；背负青天而莫之夭阏者，而后乃今将图南。

作者在议论中，也没有忘记生动的譬喻，阐述了“大”与“厚”的因果、条件关系。又马上说到“大鹏”：九万里之高，风才够大；背负青天，才没有什么可以阻拦。

这就是“大鹏”南飞的条件。它“逍遥”了吗？非但没有，而且所限最多，实现最难，两个“而后乃今”，无疑突出了“条件”的重要性。忽略了这段议论文字，就要被大鹏所谓的“高”“远”表象所蒙蔽。

二、小虫之“笑”是“自得”

作者写完了“大”的鲲、鹏之后，转向“小”的蜩、学鸠、斥鴳等虫鸟（“蜩与学鸠笑之曰……小大之辩也”）。

这里，作者首先用了一个“笑”字，这个“笑”，有人说是“讥笑”（傅佩荣《向庄子借智慧》，中华书局2009年第1版），也有人说是“嘲笑”（张远山《庄子复原本注译》，江苏文艺出版社2010年第1版）。但笔者以为更多的是“自得”之笑。为什么“自得”？因为蜩和学鸠都觉得自己是“快乐”的：“决飞”，说明它们认为，自己的飞跃和大鹏比是迅速敏捷的，尽管“时则不至而控于地”，但也不以为然，“而已”就表明了它们平和达观的心态，它们也绝没有“九万里而南为”的必要。它们的生活恬淡自得，一日三餐，饱足而止，这不正是许由说的那种“偃鼠饮河，不过满腹”的境界吗？

接着，得出“小知不及大知，小年不及大年”的结论。

然后，通过汤、棘的对话共识，再次说到鲲鹏，又一次近距离地用斥鴳和鲲、鹏的“小”“大”对比，引出了一个“笑”，这个笑，同样是“自得”之笑。斥鴳的“自得”，较蜩和学鸠又进了一层，因为蜩和学鸠只是“饱腹”之乐，而斥鴳却有“精神”之乐。它的上下“腾跃”，虽不过“数仞”，但它自己已感到是在“翱翔”了，而且它认为这就是“飞之至也”，即飞翔中最得意的境界了。这又合乎甚至高于许由的所谓“鹪鹩巢于深林，不过一枝”的境界。

最后一句，戛然收束：“此小大之辩也。”这句既是“斥鴳之笑”的收束，又是“蜩和学鸠之笑”的总结——大小虫鸟都已经说完。

“此小大之辩也”。这个“小大之辩”，辩了什么？至少我们可以知道：第一，“大”的和“小”的，有时根本就没有可比性，所谓的“长处”和“短处”也都是相对的，没有必要用自己的“长处”和别人的“短处”比；第二，“大”的可以飞得很高很远，看起来很惬意，很潇洒，很快乐，让别人眼热，其实未必然，因为“大”有“大”的“难处”，它需要更“大”的凭借；“小”的飞得虽然很低很近，但是它感到了满足和快乐。当然，这些“小”的，也还没有达到“逍遥”之境。

三、逍遥之“德”是“天德”

写完了大小虫鸟，再写人（“故夫知效一官……犹有所待者也”），又从“自视”者、不计毁誉“定乎内外之分”者和“御风”“泠然”者三个“境界”，阐述了他们也都没有达到“逍遥”之境。

为什么他们还没有达到“逍遥”之境？因为“知效一

官，行比一乡，德合一君，而徵一国者”，他的知、行、德、能，都是“自视”而已，其实也不过像那些“自得”的鸟虫一样；宋荣子尽管已经做到了不计毁誉，而且能“定乎内外之分”，但这只能说明他看透了荣辱，也合理地对待了“内外”之事；至于列子，泠然御风，犹有所倚待之“外物”。三个境界，分别是一般意义上的德行、如何看待荣辱和“内外”事情、如何对待“外物”，由小到大，由具象到抽象，由特殊到一般，层层提升，说明虽然已经很少人能达到这三个境界，但这很少的人也都没有达到真正的“逍遥”之境。

关键在于，前两个层次的“德”还不完美。什么样的德才算是完美了呢？道家“提倡每一个人遵循内心的道德”（于丹《〈庄子〉心得》），而庄子又说：“虚无恬淡，乃合天德。”合一君之“德”和宋荣子之“德”，显然还远没有达到“天德”的境界；列子不算“逍遥”，是因为“犹有所待”。

四、尧与许由“道”不同

作者写了“尧让天下于许由”的故事，意在阐述如何才能做到“无名”。这里关注的，是人的“内心”。

正如于丹教授所言：“尧被中国古人认定为圣人之首，是天下明君贤主的代称。”（于丹《〈庄子〉心得》）他的价值观，首先符合的是儒家“入世”思想。所以，尧看到许由有能力，就要把天下让给他，让他代替自己治理和掌管天下，为天下人谋求更好的生活。但是，许由和尧却是两种价值观的人，尧想的是如何把天下治理好，造福天下人，而许由想的却是如何让“自己”的生命更精彩。一个是儒家的价值观，一个是道家的价值观。

于丹教授还说：

儒家思想在社会这个尺度上，要求人担当；但道家思想在生命层面上，要求人超越。担当是我们的一份社会职责，超越是我们的一个生命的境界。（于丹《〈庄子〉心得》）

尧和许由就是这样“道”不相同的两种人，他们所看重的东西不一样。所以许由不想去担当这个“社会职责”，更不想图这个“虚名”。他的生命境界如那“鹪鹩巢于深林，不过一枝；偃鼠饮河，不过满腹”之求是也。

这也就有了下文的“庖人虽不治庖，尸祝不越樽俎而代之”，就算厨子不去做厨子的事情，也轮不到我这“不相干”的人来代替呀。就是说，即使有社会责任感的人不想再尽职尽责了，我这无关之人也不会去做的。

看来，许由拒尧，不仅仅是如何看待一个“名”的问题，而是因为尧和许由根本就不是同“道”之人。

五、“神人”的形象告诉我们：人的内心是神秘而具有无穷力量的

“神人”的故事（“肩吾问于连叔曰……窅然丧其天下焉”），阐述了如何才能做到“无己”。这里发现的是“内心”。

首先，作者通过对话的形式，为读者塑造了一个“神人”形象。其形：“肌肤若冰雪，淖约如处子；不食五谷，吸风饮露；乘云气，御飞龙，而游乎四海之外。”神人高洁、宁静、超凡脱俗，这正是作者心中道家的境界。其心其神：“其神凝，使物不疵疠而年谷熟。”这是用夸张的手法，极言神人的内心和精神具有无穷的力量。

说到人的内心，人们常常想到雨果的诗句：“比大地更宽广的是海洋，比海洋更宽广的是天空，比天空更宽广的是人的胸怀。”作为哲学家的庄子，此时能够认识到人本身

的重要意义，认识到人的内心和精神的无限宽广、无穷力量，这实在是难能可贵。

“之人也，之德也，将旁礴万物以为一”，是在说道家之“心”可“齐物”。

正因为“齐物”，所以“物莫之伤”；正因为“齐物”，所以不以“天下”和“物”为事；正因为“齐物”，所以“其尘垢秕糠”，“犹陶铸尧舜”。如此，自然也就“无己”“无为”了。

同时说明：不相信“神人”的力量（亦即人内心的力量），就是没有智慧的人！

六、“无用”有时是“不用”

作者通过写“大瓠”和“不龟手之药”，阐述的观点是：物，大有大的用处，小有小的用处；看似小用，实则大用。再通过写樗树、狸狌、斄牛和鼠，说明：物，各有所能，各有所用；看似无用，实有“无用”之大用。告诉人们“顺物自然，随其所用”，才是“大道”之境。所谓“无用”，有时只是“自己”不去“用”罢了，这也正是道家的“无功”境界。这里强调的是，人要做自己尤其是自己“内心”的主宰。

天籁，是遵从了“大道”的人的内心

——从《齐物论》看庄子世界观之心理境界

以什么样的态度看待世界，称之为“世界观”，这是哲学最重要、最基本的问题之一。一个人应该有怎样的世界观，作为哲学家尤其是人生哲学家的庄子，不能不对此做出回答。《齐物论》所阐释的，就是庄子的基本世界观。

但毕竟，在人们眼中世界是一个价值的世界，如何看待这个世界，取决于一个人内心的状态与水平。所以，在阐述“世界观”之前，作者先告诉了人们，什么是“天籁”。

首先，何为“天籁”？

《齐物论》开头便写：“南郭子綦隐机而坐，仰天而嘘，荅焉似丧其耦。”这描写的，是南郭子綦忽然“入道”的状态。

这是怎样的一种状态？是“形如槁木，心如死灰”，是沉寂静谧、无所凭依，是忽然悟得“女闻人籁而未闻地籁，女闻地籁而未闻天籁夫”的豁然与超然！

在回答何为“天籁”之前，先写“地籁”：

> 子游曰：“敢问其方。”子綦曰：“夫大块噫气，其名为风。是唯无作，作则万窍怒呺。而独不闻之翏翏乎？山林之畏佳，大木百围之窍穴，似鼻，似口，似耳，似枅，似圈，似臼，似洼者，似污者。激者、謞者、叱者、吸者、叫者、譹者、宎者、咬者，前者唱于而随者唱喁，泠风则小和，飘风则大和，厉风济则众窍为虚。而独不见之调调之刁刁乎？”

说到这，子游答曰："地籁则众窍是已，人籁则比竹是已，敢问天籁。"地籁，是风吹而能发出声响的洞穴，人籁是人吹而能成为乐音的竹管。那么，什么是天籁呢？

从这段答问可知，子游至此还不知什么是"天籁"。是啊，这本来写的就是"众窍"，即所谓"地籁"嘛。

也许有人要问，看众窍不同，听声音各异，这难道还不是"天籁"吗？而且一般可知，"天籁"就是"自然界的声音，物自然而然发出的声音，如风声、鸟声、流水声等"。笔者认为，这不是庄子的"天籁"，仅就"风声"而言，它只是"南郭子綦"所说的"地籁"。下文的"夫吹万不同，而使其自已也。咸其自取，怒者其谁邪？"告诉我们的才是"天籁"。

写"天籁"，作者是在写"地籁"的基础之上，顺着写地籁"风吹"的语境，和"地籁"比较提出的——"天籁"应该是"夫吹万不同"。这是所谓"人籁""地籁"一般意义之上的“理想”之声，是一种哲学境界。

这个“理想之声”，它不再是“风吹”而发。“怒者其谁耶?”没有什么使它发声，而且是“咸其自取”，都取决于它自己。其所发之声“不同”，也有别于“众窍”（即地籁）。众窍之“不同”是相对的，有条件的，而且是“和”，“泠风则小和，飘风则大和，厉风济则众窍为虚（众声皆无，或者听不清是哪一个的声音了)”；天籁之“不同”是绝对的，无条件的，它能自控，而且是发于己，它不“小和”，也不“大和”，更不因“厉风济”而“虚”。这才是“天籁”之声。

由此可知，天籁之声，乃是发自遵从了自然“大道”的人内心的声音，是不同于其他声音，不受哪个人或者什么别的东西所左右的，一般人不能发、一般人听不到甚至听不懂的自我之声、自由之声、自在之声。

地籁是洞穴，人籁是竹管，天籁是人心，是遵从了

“大道”的人的内心。

人籁、地籁、天籁，都出自《齐物论》，可理解为庄子为写“天籁”而有意区分之。而实际上，人人心中都实实在在有一个“天籁”之境。当人听到一种特别美妙的声音，不管是从哪里发出、怎样发出，不管是所谓“人籁”还是“地籁”，一定会情不自禁地惊呼：“真是天籁之音!”这“天籁之音”，已不是辞书中的一般意义，而是人们心中的一个美好境界；也不仅仅是一种声音，还可能是一个思想、一部经典，而这“声音”背后，一定是一颗遵从了自然“大道”的内心。

贝多芬失聪之后能创造出“他心里的音乐”、“永恒”的音乐，就是因为耳聋给他“带来了与人世的喧嚣相隔绝的安静”，他因此走向了“孤独”，走向了田野，走向了树木，走向了“大块”，也走向了生命和人性之美——“头颅在熔岩内燃烧，拼命巴望挣扎出来”（何为《音乐巨人贝多芬》)。他的灵魂“与上帝、与神秘、与宇宙的无限之谜相遇”，有了“面对整体和万物之源的体验”，进入自然“大道”了。

庄子是这样，曹雪芹也是这样。

其次，写世人百态，从反面说明所描述的人心，都不是“天籁”。

> 大知闲闲，小知间间。大言炎炎，小言詹詹。其寐也魂交，其觉也形开。与接为构，日以心斗。缦者、窖者、密者。小恐惴惴，大恐缦缦。

这里把自以为是者、自作聪明者的言行、心境写足。

再写其心智：

> 其发若机栝，其司是非之谓也；其留如诅盟，其

守胜之谓也；其杀若秋冬，以言其日消也；其溺之所为之，不可使复之也；其厌也如缄，以言其老洫也；近死之心，莫使复阳也。

这样的人，沉溺于世务，纠结于是非，或外在与内在的和谐必每况愈下，无法挽回；或把自己封闭起来，内心已接近死亡。根本原因，是这些人还不知道一切应出于“大道”，更不懂遵从“大道”应该有沉静而活泼的内心，甚至是无所凭依的“逍遥”之心。

第三，道是万物“主宰”，人心要遵从“大道”。

先说什么是“道”，指出“道”是无形的；再以人们最为切近的“身体”为例，说明“道”的存在；然后步步深入，由物及人，说人与物的关系。

陈寅恪先生认为，人与物的关系，是道家思想的核心。

与物相刃相靡，其行尽如驰而莫之能止，不亦悲乎！终身役役而不见其成功，苶然疲役而不知其所归，可不哀邪！人谓之不死，奚益！其形化，其心与之然，可不谓大哀乎？人之生也，固若是芒乎？其我独芒，而人亦有不芒者乎？

人与物是互相消靡的。人活着，就要与外物发生关系，人们获取外物的欲望，就像奔驰的野马一样没有谁能使它停下来。成为欲望的奴隶，这对于人来说，不是一种悲哀吗？很多人一辈子忙忙碌碌都没有得到自己想要的功和名，疲惫不堪却不知道为了什么，这难道不也是悲哀吗？人都说不要死，如若这样，不死何益！最后，人作为人已经死亡，人心也随之而去，谁能说这不是最大的悲哀呢？人的本性，都是这样愚昧吗？还是只有我愚昧，世人仍有不愚昧的呢？作为哲学家，甚至人生哲学家，庄子洞察人性，他想的是人该怎样自我救赎。

身体器官有主宰，作为人也要有主宰，这个主宰就是内心，就是遵从了“大道”的人的内心。庄子告诉了我们，人应该如何对待自然万物乃至所谓“身外之物”。老子说，“人之大患，在我有身”；庄子也说，“大块载我以形，劳我以生”。他们都把“有身”看作是人最大的忧患，因为有了身体，也就有了无限度的欲望，而且无论这欲望得没得到满足，都会带来精神苦痛，这就是人之为人的悲哀。人要活得超然自在，就要尽可能降低对外物的欲望，多诉诸内心的追求。

庄子也是“有死”者。他认为人总有一死，这是人的大悲哀。所以人活一次，就要活好自己；而活好自己的前提，是要活好内心，遵从自然“大道”。

这是庄子“看世界”的心理状态与境界。

“无待无我”才是最高境界

——从《齐物论》看庄子的世界观

《齐物论》主要阐述的是庄子的世界观。全文可以分为两个部分：前部分，是庄子世界观的心理境界，可以概括为“天籁”，即遵从了“大道”的人的内心；后部分则阐述了我们看待这个世界应有的态度，即世界观。

我们看待这个世界该有怎样的态度？庄子认为，首先，不要抱有小的“定见”。

这是世人最难做到的事情。“夫随其成心而师之”，“虽有神禹且不能知，吾独且奈何哉！”而恰恰是“定见”以及“华丽的辞藻”，遮蔽了“大道”，进而产生了什么儒啊、墨啊，乃至于“白马”“坚白”（“道隐于小成，言隐于荣华。故有儒墨之是非，以是其所非而非其所是”）。

其次，是我们应有的态度。

作者例举很多，从小问题或大宇宙中，深究事理，探索大道，境界越来越高。但其落脚点，不是让人知道这些事物本身，而是要给人以智慧，指导人生，告诉人们应该怎样看待事物，看待世界，看待人生，怎样才能活得超然物外，自在逍遥。

作者的主要观点是：

第一，彼此相生。

物无非彼，物无非是。自彼则不见，自知则知之。故曰：彼出于是，是亦因彼。彼是方生之说也。虽然，方生方死，方死方生；方可方不可，方不可方可；因是因非，因非因是。

庄子不主张万物定要分出个“彼”和“此”来——“万物齐同”嘛。物，既有“彼”的一面，也有“此”的一面，即“无非彼，无非是（此）”，不否定是“彼”，也不否定是“此”。“彼”“此”，只是看（或所站）的角度不同而已。看到的是“彼”的一面，则说明没看到“此”的一面。“彼”和“此”是相对而言的，因“彼”而有“此”，“此”出于“彼”。“生”和“死”也是如此，“可”和“不可”也是，“是”与“非”也是。此所谓“彼此相生”。

以“白马说”作为反例，进一步说明：“天地一指也，万物一马也”。这是提醒人们，要少玩弄概念，也不要轻易给物来分类甚至下结论。自然之道，万物齐同。

第二，无成无毁。

从事物形成来说：

物固有所然，物固有所可。无物不然，无物不可。

故为是举莛与楹，厉与西施，恢恑憰怪，道通为一。

物本来就该有自己的样子，也本来就有它对的理由。其实没有一物不是这样，也没有一物有什么不对。此正所谓“存在的就是合理的”。这就如小草的茎秆与房屋的柱子比，丑女与美女西施比，看似形态各异，诸多不同，其实从“道”的角度讲，它（她）们没有什么区别。细想也是，谁能把它（她）们的所谓不同说清楚？

从事物变化来看：

其分也，成也；其成也，毁也。凡物无成与毁，复通为一。

分也是成，成也是毁。事物本无所谓成，也无所谓毁，最后都是进入浑然为一的状态。所谓“成”与“毁”，都是人们的世俗标准（“定见”）。人的认识水平不同，有的看到了“无”，有的看到了“有”，有的看到了“彼此”，有的还要分出个“是非”。其实不然，昭文之鼓琴、师旷之枝策、惠子之据梧……谁能说清是“成”还是“毁”了呢？

第三，万物同一。

以不可辩驳的事实为例，说明事物之有无、大小甚至生命之长短，都是相对的。

> 有始也者，有未始有始也者，有未始有夫未始有始也者；有有也者，有无也者，有未始有无也者，有未始有夫未始有无也者。俄而有无矣，而未知有无之果孰有孰无也。今我则已有谓矣，而未知吾所谓之其果有谓乎？其果无谓乎？

“有”和“无”是相对而言的。

天下莫大于秋豪之末，而大山为小；莫寿于殇子，而彭祖为夭。天地与我并生，而万物与我为一。

天下之物，也许秋豪（通“毫”）的末端是最大的，而泰山最小；也许夭折的孩子是最长寿的，而彭祖为短寿。就看与谁比较了。其实无所谓大小，也无所谓长短。天地与我同在，我与万物为一。

第四，包容万物。

物的界限是人划分的（“道未始有封”），但圣人的态度：

六合之外，圣人存而不论；六合之内，圣人论而不议；春秋经世先王之志，圣人议而不辩。

“辩也者，有不见也。”争辩的人，会因片面而有看不到的地方（尤其是“大道”）。不辩，才是“大仁”；不辩，才有“万物皆照”之德。

圣人如此，我们也该如此。

第五，超然物外。

民湿寝则腰疾偏死，鳅然乎哉？木处则惴栗恂惧，猨猴然乎哉？三者孰知正处？民食刍豢，麋鹿食荐，蝍蛆甘带，鸱鸦耆鼠，四者孰知正味？猿猵狙以为雌，麋与鹿交，鳅与鱼游。毛嫱丽姬，人之所美也；鱼见之深入，鸟见之高飞，麋鹿见之决骤，四者孰知天下之正色哉？自我观之，仁义之端，是非之涂，樊然淆乱，吾恶能知其辩！

通过我们习以为常，但又真的“不知道”的例子，如人和一些动物对于“安居”“美食”“美色”的不同感受与理解，告诉人们：要不存“定见”，任其自然。

下面问到了对待外物最切身的问题：

啮缺曰：“子不知利害，则至人固不知利害乎?”王倪曰：“至人神矣！大泽焚而不能热，河汉冱而不能寒，疾雷破山、飘风振海而不能惊。若然者，乘云气，骑日月，而游乎四海之外，死生无变于己，而况利害之端乎！”

用“至人”说明这一问题，这是把问题推到极致。意思是，人都会遇到最大的利与害，而这恰恰使我们最难以把握自己，即使这样，我们也要淡定再淡定，努力实现精神超越，获得最高人性的成就体验，达到“超然物外”的境地。

那么人可以做到“超然物外”吗？当然不容易做到，

即使如黄帝、孔夫子，要理解和做到也难（“夫子以为孟浪之言”）。

把黄帝和孔夫子并提，也许因为他们都是从事世务之人，或者都是积极入世之人，他们对世界的态度是相近的。儒家要求人担当，道家要求人超越。因此，在庄子看来，要让他们理解这个道理，也是很难的啊！

再看看一般世人吧：

丽之姬，艾封人之子也。晋国之始得之也，涕泣沾襟。及其至于王所，与王同筐床，食刍豢，而后悔其泣也。予恶乎知夫死者不悔其始之蕲生乎？梦饮酒者，旦而哭泣；梦哭泣者，旦而田猎。方其梦也，不知其梦也。梦之中又占其梦焉，觉而后知其梦也。且有大觉而后知此其大梦也，而愚者自以为觉，窃窃然知之。“君乎！牧乎！”固哉！丘也与女皆梦也，予谓女梦亦梦也。是其言也，其名为吊诡。万世之后而一遇大圣知其解者，是旦暮遇之也。

这里写了一般人因对外物、对人生“执迷不悟”而产生的喜怒哀乐。把孔子和这些人相提并论，说明“一般的”圣人，对这个问题也是“愚钝”的。再次强调，只有“大圣人”才能理解。在庄子眼中，老子也许算是一个。

而“超然物外”是不是最高境界了呢？还不是，这还“有待”，而且还“有我”。在庄子看来，“无待”甚至“无我”才是最高境界。

第六，无待无我。

这里是对“无待”之境的向往：

罔两问景曰：“曩子行，今子止；曩子坐，今子起。何其无特操与？”景曰：“吾有待而然者邪？吾所待又有待而然者邪？吾待蛇蚹蜩翼邪？恶识所以然？恶识所以不然？”

影子的影子看似“无待”，其实也“有待”。人和物只要有所“待”，就会受制于所“待”，哪怕是如蛇蚹、蜩翼这样微小的、短暂的东西，都不能避免。可见要做到“无待”，何其难也。如若“无待”，那可能就要做到“无我”，既已“无我”，何言“有待”？这样的境界，就是“物化”。这是比“逍遥”之境还要高的一个境界，因为“逍遥”之境虽已“无待”，但还“有我”。“庄周梦蝶”，体现的就是这样的精神追求。

昔者庄周梦为胡蝶，栩栩然胡蝶也。自喻适志与！不知周也。俄然觉，则蘧蘧然周也。不知周之梦为胡蝶与？胡蝶之梦为周与？周与胡蝶则必有分矣。此之谓物化。

这是对“无我”之境的追求。

庄周曾经梦见自己化为了蝴蝶，而且是一只生动活泼的蝴蝶。自认为很得意，已经不知道自己是庄周了。不一会儿醒来，却猛然发现自己原来还是庄周。这就是，不知梦中是庄周变成了蝴蝶，还是蝴蝶变成了庄周。而庄周和蝴蝶显然还是有分别的。二者如此“变化”，其实就是我们要说的“物化”：我们俩虽然不是一物，但因为有一个“道”的存在，彼此是可以互相转化的。

“物化”之境，虽然物、我暂时尚有所分，但从“道”的角度看，物我可以互相转化。究其实，“我”就是一物，万物同一，物我同一。这就达到了“无待无我”之境了。这是“梦蝶”的意义所在，也是庄子重要的人生哲学！

庄子看“白马非马”

针对当时的“白马非马”之论，庄子是不屑参与讨论，而且持反对态度的。

我们先看下面这段文字：

> 道恶乎隐而有真伪？言恶乎隐而有是非？道恶乎往而不存？言恶乎存而不可？道隐于小成，言隐于荣华。故有儒墨之是非，以是其所非而非其所是。欲是其所非而非其所是，则莫若以明。

“道”被什么遮蔽而有了真伪？话被什么掩盖而有了是非？“道”因为什么存在却不能被察觉？话因为什么说了却没有实质内容？究其实，“道”是被小小的“定见”给遮蔽了，而话是被华丽的辞藻给掩盖了。因为偏执“定见”或玩弄辞藻，才有了什么儒啊、墨啊的是是非非，把别人认为错的说成是对的，把别人认为对的说成是错的。如若这样，就不如归于老子所说的“知常”之“明”（看到万物中“常道”的智慧），即归于“大道”，如此也就没有小的是非了。这就叫“大道相通”。

庄子的态度是：不要在小的是非上争论不休，更不要玩弄辞藻做语言游戏，要归于“大道”。若在小“是非”上做文章，则与前面的所谓“众窍”“不同”而“厉风济则众窍为虚”是一样的。

庄子认为，“道”生一物，人们总喜欢给它命个“名”，下个定义，这就是“概念”。如此，问题就出来了：这个

“抽象”的概念和那个“具体”的物，是不是就完全对等了呢？一定不是的。首先，我们的认知有限；其次，我们的语言表达也有限。一切所谓的“概念”，都是相对存在的。所以，以概念为是，以物为非，或者以物为是，以概念为非，这样的辩论完全没有必要。这是庄子针对当时人们的辩论提出的哲学观点。

由此不难发现，我们所知的一些所谓的“概念”，也都不过是对具体“物”某一个或几个特征（或特点）的描述。不说别的，仅就“人”本身而言，要问什么是“人”？估计没人能说得清楚，也没人能给“人”下一个准确的定义。“人能够制造和使用工具”“人和一般动物不同，在于人有思想”云云，说的都是人某一方面的特征，而这些也都是相对的。

所以庄子提出：

以指喻指之非指，不若以非指喻指之非指也；以马喻马之非马，不若以非马喻马之非马也。天地一指也，万物一马也。

直接告诉人们：与其用概念去说明具体的一物不是概念所指之物，不如不用概念，直接说某物不是这个概念；与其用概念之马说明某一马不是马，不如用马（非概念之马）来说明这概念本来说的就不是马。天地之间，尽可看成一物（所指之物），一物抑或可称为一马。

一句话，我们要少玩弄概念，也不要轻易给物来分类甚至下结论了。自然之道，万物齐同。

人生本该载歌载舞

——从《养生主》看庄子的人生观

应该说，庄子是中国古代最关注个体生命的人生哲学家，而且是最优秀的实践者。他的《逍遥游》和《齐物论》，为人“应该怎样对待外物乃至于世界”，做出了初级、中级和高级规划，指出了人活着的最高境界——“逍遥”（无待）之境和“齐物”（无我）之境。

《养生主》则是对人“应该怎样活着”，做出的人生指导。

有人说《养生主》是讲“养生”的。不错。但它讲的又不仅仅是“养生”之道，还有“生命”之论。养生之道侧重于生理生命，而生命之论更看重人应该怎样活着的精神追求，即精神生命；养生不是消极地“养”，而是积极地创造一个精彩的生命状态。

作者开篇用“否定”的形式，从“消极”方面，即人活着的最低限度，告诉人们，凡事要顺其自然，不可强为。

吾生也有涯，而知也无涯。以有涯随无涯，殆已！已而为知者，殆而已矣！为善无近名，为恶无近刑，缘督以为经，可以保身，可以全生，可以养亲，可以尽年。

作者深知，人的欲望是无止境的，“其行尽如驰而莫之能止”（《齐物论》）。那就不要“以有涯随无涯”，不要以有限的生命，去追求无限的东西，即不要勉强自己去做尽最大努力也不能做成的事情，如果正在这样做着，那就很危险了。

所谓“顺其自然”，就是即便做了所谓“好事”，也不求名；就算做了所谓“坏事”，只要自己认为是对的，又不触犯刑律，就不去计较，率性而为，不为“定见”所限，更不活在别人的评价里。这样不仅可以保身，甚至可以保全自然的生命状态不被扭曲，安享天年。

接着，庄子告诉人们应该怎样活着，其文完全是一个生活歌者的精彩之论：

> 庖丁为文惠君解牛，手之所触，肩之所倚，足之所履，膝之所踦，砉然响然，奏刀騞然，莫不中音，合于桑林之舞，乃中经首之会。

从庖丁为文惠君解牛说起：解牛之时，手接触到的地方、肩倚靠的地方、脚踩着的地方、膝盖抵住的地方，全是“砉然响然”；进刀之处也是“騞然”作响。这声响，没有不合音乐的，在这美如“桑林”的音乐中，他如轻歌曼舞，悠然自得，又正合“经首”之音的欢快节奏。

这庖丁哪里是在做“解牛”的苦差事，分明是在优美的音乐中载歌载舞。这显然是一个“灵魂在场”的人才会有的生命状态：在劳动中抑或在生活中融入了灵魂，找到了欢乐！在作者看来，生活本该是载歌载舞的！

人生如何才可以达到这种境界？庖丁回答文惠君的话道出了真谛：“臣之所好者道也，进乎技矣。”我所爱好的无非是“道”，这远在技术层面之上啊！

始臣之解牛之时，所见无非全牛者；三年之后，未尝见全牛也；方今之时，臣以神遇而不以目视，官知止而神欲行。依乎天理，批大郤，导大窾，因其固然。技经肯綮之未尝，而况大軱乎！良庖岁更刀，割也；族庖月更刀，折也；今臣之刀十九年矣，所解数千牛矣，而刀刃若新发于硎。彼节者有间而刀刃者无厚，以无厚入有间，恢恢乎其于游刃必有余地矣。是以十九年而刀刃若新发于硎。

我开始“解牛”之时，所看到的无非是整个的牛罢了；多年以后，就全然看不到整个的牛了；到现在，我再看牛，已经不用眼睛看，而是以“神”体会了。解牛之时，我的感官都要停下来了，可我的神还在行进之中呢。为什么会这样？因为我遵照了它天然的生理结构，神早已先行体会通过，所以刀刃行走在骨节的空隙之中，那些经络相连的地方、附在骨头上的肉、筋骨连接处，根本不会被碰到，更何况是大骨头了。好的厨子，一年换一把刀，因为他们经常用拉割的方法；一般的厨子，一个月换一把刀，因为他们经常用砍折的方法；我这刀已经用了十九年，“所解数千牛矣，而刀刃若新发于硎”。

这就是说，庖丁的刀刃根本就“没有用到过”。为什么？因为“彼节者有间而刀刃者无厚，以无厚入有间，恢恢乎其于游刃必有余地矣”。

要问什么是“中庸”，有答曰“不偏不倚”，也有曰“不用之用”。那么何为“不偏不倚”，又何为“不用之用”？“庖丁解牛”是对其最形象的解释。

一头牛是要分解的，分解是要动刀的，这就是“用”。而庖丁之“用”在于“依乎天理”，“因其固然”。理论上讲，再紧实的骨肉，也是有缝隙的，哪怕它很小、极小，也可为庖丁的“神”所通过；而刀刃呢，锋利到了没有一点点厚度，“以无厚入有间”，不仅可以通过，而且是“恢恢乎”“游刃有余”呢。但这仍需要“不偏不倚”，需要“取中而用”。十九年“刀刃若新发于硎”，这刀刃就从没有碰触过什么，这就是“不用”。牛最终还是被分解了，这就是“不用之用”。作者把这看作是一种人生智慧。

但人生在世，总会遇到问题，甚至于要面对苦难，最终还要面对死亡。作者因此把“人生问题”分为三个层次，提出了应有的人生智慧。

面对一般小问题：

> 虽然，每至于族，吾见其难为，怵然为戒，视为止，行为迟，动刀甚微，谍然已解，如土委地。提刀而立，为之四顾，为之踌躇满志，善刀而藏之。

遇到“小问题”时，要提醒自己，千万小心，会神凝视（思），放缓行动，不急不躁，慢慢解决，一时间“谍然已解”，也便释然了。然后还是笑对人生，依然“踌躇满志”！

文惠君至此已找到了“养生”之道。但作者并没有就此而止，因为人生还要面对更多的苦难，甚至死亡。

作者又分别以“单足”和“吊老子”为例，阐述了他对人生如此“重大问题”的思考：

“恶乎介也？天与？其人与？”曰：“天也，非人也。天之生是使独也，人之貌有与也。以是知其天也，非人也。”

为什么是单足？这是天赋予的，还是人造成的？答曰：不管是不是先天的，都应该看作是天赋予的，而不是人造成的。其单足，也如我们的相貌，不是人之所为。既然一切都是天的赐予，那我们就要欣然领受，坦然面对，无论丑陋和残缺。这也叫“依乎天理”。

面对残缺与苦难，我们的态度要像这“泽雉”：

泽雉十步一啄，百步一饮，不蕲畜乎樊中。神虽王，不善也。

生活在草泽中的野鸡，同样也受着上天赐予的身体的“限制”，所以生活才如此之艰难，但它还是不想被饲养在笼中。为什么？因为它并不把身体本身的舒服或者精神饱满与否看得很重，它要的是精神的绝对自由！

这与尼采的“酒神精神”不谋而合：上帝赐予我们快乐与幸福的同时，把苦难也一同赐予了我们，我们要“满怀感激”地一并领受；所不同的是我们领受之后的态度，有“强力意志”的人，无论领受何种命运，都会有快活而精彩的人生！

“用生命力的蓬勃兴旺战胜人生的悲剧性质，这本身就是人生意义之所在。”（周国平《尼采：在世纪的转折点上》，译林出版社 2012 年第 1 版）

老聃死，秦失吊之，三号而出。弟子曰："非夫子之友邪？"曰："然。""然则吊焉若此可乎？"曰："然。始也吾以为其人也，而今非也。向吾入而吊焉，有老者哭之，如哭其子；少者哭之，如哭其母。彼其所以会之，必有不蕲言而言，不蕲哭而哭者。是遁天倍情，忘其所受，古者谓之遁天之刑。适来，夫子时也；适去，夫子顺也。安时而处顺，哀乐不能入也，古者谓是帝之县解。"

老子死了，秦失前去吊唁，"三号而出"，哭了几声就出去了，竟让人怀疑他到底还是不是老子的朋友。而"有老者哭之，如哭其子；少者哭之，如哭其母"，极尽其哀。但这些人的哭，是不合天意人情的，他们忘了，人之生死寿夭皆禀受于自然，他们这样做，是违背了自然规律的。

且这样做，也完全不合老子的意愿。"三号而出"的那个深知老子的秦失说："始也吾以为其人也，而今非也。"一开始，我也把老子当作一般人看待，后来我才醒悟到，并非如此。"适来，夫子时也；适去，夫子顺也。"在老子看来，他偶然来到人世，那是他应当生的时候；偶然离开人世，那是他合乎了自然之"道"，应当离去。"安时而处顺"，哀乐之情是不会侵入他心中的。古时候，人们把这种解脱称为上天解人于倒悬。顺乎天理自然，已是逍遥自在，能解除倒悬之苦的"死"，又何尝不是一种大自在呢？

指穷于为薪，火传也，不知其尽也。

何况人之死，如脂膏已作为烛薪燃尽，但其火，却是点完一支又接着一支，永远传下去，没有穷尽啊！

在作者看来，死能解人倒悬之苦，使人进入自在之境。我物化为薪，而自在，而永远。这正是"大道"。

“不为”之“为”与“无用”之“用”

——从《人间世》看庄子的价值观

笔者认为，《齐物论》主要讲的是“世界观”，告诉我们该怎样看待这个世界；《养生主》主要讲的是人生观，主张“人生本该载歌载舞”；《人间世》则主要讲的是价值观。

价值观，一方面表现为对外在世界的价值判断，一方面表现为对自我人生的价值评价。这两方面，庄子在《人间世》中都有形象而深刻的阐述。

人的思想行为，在许多情况下，在一定范围内，是由环境所决定的；人的大部分思想，都是对他所处环境的反映。作为哲学家的庄子，对其所处环境的反映自然更为敏感。

首先，我们看庄子对其所处的“环境”也即“外在世界”做出的判断。

开篇作者假托三个故事：颜回将之卫、叶公子高将使齐、颜阖将傅卫灵公太子。

“颜回将之卫”，其目的是：

> 回闻卫君，其年壮，其行独。轻用其国而不见其过。轻用民死，死者以国量，乎泽若蕉，民其无如矣！

且“愿以所闻思其则”。他看到卫国国君专横独断，轻用其国，轻用其民，便想用老师所教去拯救卫国。

孔子怎么说呢？“嘻，若殆往而刑耳！”你这一去差不多是要遭受刑罚的。在孔子看来，救国之法不能杂而多，“德”才是最根本的。且这个“德”，要“先存诸己而后存诸人”。而要做一个有“德”之人，就要不求名，不争利。

其实这是针对人性弱点而言的。即便有“德”，也还是会招致灾祸的。为什么？因为：

> 德厚信矼，未达人气；名闻不争，未达人心。而强以仁义绳墨之言術暴人之前者，是以人恶有其美也，命之曰菑人。

现在社会巨变，人心不古，自上而下不是“悦贤”而是“恶贤”，德行越好，与人的隔膜就越深。此时宣扬“仁义绳墨之言”，没人相信不说，还要落得个“有其美”（标榜自己的德行）之嫌。关龙逢、比干如何？除得了好名声，其他一无所成。

颜回又退一步讲，我“与天为徒”（以天为师，随自然变化而变化）、“与人之为徒”（以世人为师，举动随和世人）、“与古为徒”（以古人为师，所说的话古来就有）总可以了吧？孔子答曰：“恶！恶可！”

在“吾无以进矣”，即“道德”教化已行不通，而且“有心而为之”（怀着积极用世之心去做），“皞天不宜”（苍天也认为这不适宜）的情况下，孔子只能退守“心斋”了。何为“心斋”？

> 若一志，无听之以耳而听之以心；无听之以心而听之以气。听止于耳，心止于符。气也者，虚而待物者也。唯道集虚。虚者，心斋也。

“心斋”就是“虚”，对外界听而不闻，心守虚寂，因而接纳万物。就是要做到“能入游其樊而无感其名”，“一宅而寓于不得已”，也就是“无为”。

一个人，只要积极入世，就会有所触及（“绝迹易，无行地难”），就难免要伪饰自己（“为人使易以伪，为天使难以伪”)，甚至无所不用其极（“闻以有翼飞者矣，未闻以无翼飞者也；闻以有知知者矣，未闻以无知知者也”）。

有虚，方可“生白”；有虚，才有“吉祥止止”。而要做到“有虚”，就要让自己的耳、目去关照自己的内心，不要“用心”去想，这样才会知道。这就是遵从了“大道”，顺应了万物，也就是庄子提出的“无为”而顺其自然。

改变不了他人，改变不了社会，但完全可以改变自己。“在任何环境里，自作主宰的抉择仍属可能”。（韦政通《中国思想史·上》，吉林出版集团有限责任公司 2009 年第 1 版）实是“无为”而又有所“为”。

儒家是社会道德理论的构建者，其理论核心就是“道德”；仁，是孔子“道德”的最高原理。但此时庄子看到，作为“德”的核心，“仁政”之体、“仁爱”之体都变了。求名、争利，人性使然，圣人如尧、禹亦“不能胜也”。庄子看透了人性，也看到了国家基本价值已经迷失、人的道德正日趋沦丧的社会现实。

庄子假托孔子或者孔子敬重的蘧伯玉发言，不是为批评孔子，也不是为反对他所提倡的道德，因为庄子重视的个人修养，和孔子的道德主张并不矛盾，而是殊途同归——“内圣外王”。甚至可以说，个人修养正是一个人道德的根基。庄子要反映的，是孔子所提倡的“道德”正在遭遇尴尬、无奈与无助的现实，他为孔子而痛，为这个时代而痛。

庄子的“心斋”，从入世的角度看，似乎有些消极，但也有其积极意义。那就是，他提出了人要自我修养。孔子主张以“德”治国，但其前提是执政者要先有其德，“政者正也”，“其身正，不令而行”。从一国之主、各级官员，到平民百姓，如果每一个人都在自我修养上下功夫，建成一个道德社会也就为期不远了。这也是庄子的“不为”之“为”。

那么，在这样的现实社会里，该有怎样的价值观？

“叶公子高将使齐”中，庄子就待亲、事君、对己、对他国、对他人，做出了很好的回答。待亲，“不择地而安之，孝之至也”；事君，“不择事而安之，忠之盛也”；对己，“自事其心者，哀乐不易施乎前，知其不可奈何而安之若命，德之至也”；对他国，必以“信”；对他人，“无迁令，无劝成”。而“颜阖将傅卫灵公太子”，又告诉人们：人性至此，人我皆然；做事要顺应自然，恰到好处，讲究方法，量力而为。作者不厌其烦地举例：螳螂不怕死，招来“恃才”之非议；养虎之人的良苦用心和马夫之爱使他们遭遇不幸，都反映了人性的可怕与无常。以“德”化人，却还要谨慎小心！

就自身而言，庄子的价值观，同样以讲故事的方式来阐述。

成为“社树”（神树）的“大”树，之所以不被砍伐，因为它是“散木”，“无所可用”。这树告诉人一个道理：“无所用”乃是“大用”。

故解之以牛之白颡者，与豚之亢鼻者，与人有痔病者，不可以适河。此皆巫祝以知之矣，所以为不祥也。此乃神人之所以为大祥也。

由“树”及“人”乃至于“万物”，再到“神人”，层层深入，主张“无用”之“用”。再进一步，甚至“支离其德”者，也一定会因“无用”而保全自己。但可惜的是，世人都“皆知有用之用，而莫知无用之用也”。

“孔子适楚”，则总结全文，揭示了一个事实：

天下有道，圣人成焉；天下无道，圣人生焉。方今之时，仅免刑焉！福轻乎羽，莫之知载；祸重乎地，莫之知避。已乎，已乎！临人以德。殆乎，殆乎！画地而趋。

前面，庄子已经交代了国君昏暗、人已无德的时代现实。这样的时代，就是“圣人”孔子也只能顺应现实苟全生存，不能再宣扬道德了。教人以德，不仅无益，还成了危险之举（“临人以德。殆乎，殆乎！”）。孔子被人讥笑，把这个问题推到了极点，说明“道德”已经尴尬到何种境地！

在这种情况下，不愿画地为牢的庄子，主张“无用”于世，并以他洞察万物的直觉力和纵横奔放的想象力，选择了诉诸主观体验，关注个体人生，追求一个超越而和谐的心灵王国，而“游无穷之野”，“出六极之外”，“顺应自然”，“无容私焉”了。

也许这是他痛定之后欲为“智者”的选择！

有人说，修养功夫的理论化以及心灵世界的开发，是庄子最主要最精彩的天地（韦政通《中国思想史·上》，吉林出版集团有限责任公司2009年第1版）。应该说，这也是庄子哲学的积极意义所在！

内在之“德”才是“本”

——从《德充符》看庄子的道德观

《德充符》讲的是庄子的“道德观”。有人说，这里讲的是与儒家不同的“道德”，也有道理。但要说庄子的“道德”与儒家的“礼仪道德”完全不同甚至“相抵触”，则又难免有失偏颇。

在《人间世》中，作者揭示了儒家的道德宣教正在遭遇尴尬、无奈与无助的窘境，而自己则走向了关注个体生命，强调内在修养，诉诸主观体验，追求一个超越而和谐的心灵王国的途径。应该说，庄子要告诉人们的是，在儒家所致力的“道德说教”苍白无力之时，个人修养的方式方法与重要性。老庄与儒家的“道德”所指虽有不同，但就“德”的主张而言，根本上应该是不矛盾的。

鲍鹏山先生这样解释老子的“道德”：

> 何为德？一物之所以为一物谓之德，用今天的话说，就是事物的本质属性，特殊属性；何为道？万物运行之规律谓之道。（鲍鹏山《新读诸子百家》，复旦大学出版社2011年第1版）

庄子之“道德”，正是一“物”之属性，也是一个人内在的“特殊属性”。而“符”即所谓“特征”恰恰是“无特征”，因为他强调的是“内在”之德，而非以礼仪为特征的“外在之德”。

庄子所讲的内在之“德”，是这样的：

第一，遵从大道。

兀者王骀“从之游者与夫子中分鲁”。其所谓教，“立不教，坐不议。虚而往，实而归”，是“无形而心成者”。他绝不是外在的“身教”又“言教”的“道德榜样”。他是“兀者”，是被处刑断足之人，他远远超越于常人（“其与庸亦远矣”）的，是他的“死生亦大矣，而不得与之变；虽天地覆坠，亦将不与之遗；审乎无假而不与物迁，命物之化而守其宗”的处变不变、直抵“大道”的人生态度。这样的人，视“万物皆一”，处于“且不知耳目之所宜，而游心乎德之和”的“大道”之境。

第二，纯正心灵。

在常季看来，王骀通过不断反观自己的内心，用心去领悟“大道”，最后才形成了恒久不变的强大内心。而孔子认为，人们之所以追随他，愿意聚集在他周围，正是因为他这种“本性”。因为，人们可以从他“不与物迁”“物视所其一”的“静寂无为”中，看到内在的价值而形成自己的“常心”，所以“虚而往，实而归”。

强大的力量来源于价值。“受命于地，唯松柏独也正，在冬夏青青；受命于天，唯尧、舜独也正，在万物之首。”因为有受之于地、受之于天的“纯正”，才有“冬夏青青”，才有“万物之首”。兀者王骀，“幸能正生，以正众生”，恰恰是因为他自己心性纯正，才能感染众人纯正心性。

> 夫保始之徵，不惧之实，勇士一人，雄入于九军。将求名而能自要者而犹若是，而况官天地、府万物、直寓六骸、象耳目、一知之所知而心未尝死者乎！

勇士尚能因为强大“内心”的力量，“保始”而“不惧”，“雄入于九军”，更何况能主宰天地、蕴藏万物、把六骸当作躯壳、把耳目当作摆设、把人世间万物视为同一而未曾丧失“常心”的人呢？

以孔子为代表的儒家之“德”，是以“孝”为先的

“仁”德（“仁”是儒家道德的最高原理），是以“礼”为外在特征的人与人之间的“礼仪道德”。

通过申徒嘉与郑子产的对话，作者对内、外之“德”的价值做了一番“比较”。

以“苟利社稷，死生以之”为个人抱负、被孔子评价为“其行己也恭，其事上也敬，其养民也惠，其使民也义”的子产，与申徒嘉同师于伯昏无人。一天，子产竟然向申徒嘉质问道：

> 我先出则子止，子先出则我止。今我将出，子可以止乎？其未邪？且子见执政而不违，子齐执政乎？

可以看出，他看重的，是“见执政而不违”的外在之“礼”。申徒嘉则对以“子而说子之执政而后人者也”，指出其不足：你以自己为执政而得意，看不起别人，这难道就是你所秉持的“德”吗？进而说：“鉴明则尘垢不止，止则不明也。久与贤人处则无过。”这是个比喻，意思是说：人心纯洁，就没有龌龊的想法，有了龌龊的想法，就说明心地不够纯洁。心地纯洁，不犯过失，这原本就是“德”，而且是真“德”。以此告诉子产：虽然你天天讲“德”，其实你的内在之“德”，还远远不够呢。

子产再进一步：“子既若是矣，犹与尧争善。计子之德，不足以自反邪?”申徒嘉的回答也更近一步：

> 自状其过以不当亡者众；不状其过以不当存者寡。知不可奈何而安之若命，唯有德者能之。游于羿之彀中。中央者，中地也；然而不中者，命也。人以其全足笑吾不全足者多矣，我怫然而怒，而适先生之所，则废然而反。不知先生之洗我以善邪？吾之自寤邪？吾与夫子游十九年矣，而未尝知吾兀者也。今子与我游于形骸之内，而子索我于形骸之外，不亦过乎！

这话，是层层递进地做了回驳。

第一，我虽已被断足，但能自知己过，甚至能深深反思，其实这也是“德”，且认为自己犯错该受到惩罚的人太少了，我算是一个吧。也就是说，犯了错误而能自我反思的内心，比不犯错误更有价值。这与苏格拉底的“未经审视的人生不值得一过”有异曲同工之妙。第二，知道无可奈何却能安之若命，这就是“大德”。而这，只有内心强大之人才能做得到。第三，命运都有偶然性，但能顺乎自然，安心领受，该是至高境界吧。你说我与尧争“善”，就更不通了。老师给予我的，是外在的“善”吗？是内心的觉悟啊！

接着反问子产：你虽然没有所谓的世俗过错，但你耻笑别人之过，甚至看不起别人外在的形骸，这难道就是你所谓的“德”吗？

子产的无言以对，所凸显的，是他对内在之“德”价值的认可。而兀者叔山无趾与孔子的对话，则是借孔子之口，对内在之“德”做出的积极肯定。

仲尼曰：“子不谨，前既犯患若是矣。虽今来，何及矣！”无趾曰：“吾唯不知务而轻用吾身，吾是以亡足。今吾来也，犹有尊足者存，吾是以务全之也。”

“不谨”“何及”，说明孔子与子产一样，都注重外在之“德”。无趾则认为，我的过错只是不懂世务，当然也没有看重身体。也就是说，你看重的，我恰恰没有看重，而我看重的，是超越于世俗之过、比身体还尊贵的东西。这是什么？孔子给了答案：“夫无趾，兀者也，犹务学以复补前行之恶”，是能复补前行的内心修养。

“比较”之后，再借“叔山无趾”和“老聃”之口，直指孔子“道德”宣扬做法的不足：孔子之“道德”宣扬，“蕲以諔诡幻怪之名闻”，总脱不了“求好名声”之嫌；而且他这样做，并没有从“以死生为一条，以可不可为一贯”的对人生、对外物的态度这一根本入手，过于追求个人外在的改变，这是违背“天性”的，当然也不会达到预期目的的。

以“人性”的“自然”为引导，从“心灵”的“自我”超越做起，强调人的内在之“德”，这是庄子“道德”的高度所在！

第三，“才全”为“本”。

“鲁哀公问于仲尼”的故事，进一步表明，对于一个人的修养，不是“不教”，也不是“不为”，更不完全是“自在逍遥”“自娱自乐”，而是“不教”之教，“不为”之为。

卫国那个“恶骇天下”之人，“未尝有闻其唱者”（不倡导什么学说），“无君人之位以济乎人之死”，“无聚禄以望人之腹”，亦无“出乎四域”之认识，但能使丈夫与之处，思而不能去，妇人见之，宁为夫子妾，“寡人”与之处，托付以国。人们从他那里得到的，恰恰是内在之“本”

的修养——心无外物、“才全而德不形者”。

何谓“才全”？何谓“德不形”？

作者借“孔子”之口告诉人们，“才全”就是：

“死生、存亡、穷达、贫富、贤与不肖、毁誉、饥渴、寒暑，是事之变、命之行也”，于己，知天命，不计其变；“日夜相代乎前，而知不能规乎其始者也”，于物，入大道，不究其因。保持心田灵府的静寂和顺，通达而不求某一方面的外在表现，修养内心，一无所失。“使之和豫，通而不失于兑。使日夜无郤，而与物为春，是接而生时于心者也”，昼夜时令不分，顺时而变，让内心永远生气活泼，盎然如春。

“德不形”，则讲得更形象：

> 平者，水停之盛也。其可以为法也，内保之而外不荡也。德者，成和之修也。德不形者，物不能离也。

“德不形”者，就像最平静的水的样子，“内保之而外不荡”。这样的“德”，才是“成和”的美好境界。重要的是，“德不形”者，才能与“物”（人也是物）相顺相和，才会有“物”的自然跟随。当然更不会“自离于物”，自视为道德标准，站在他人的对立面去说教。

哀公的反思，卫灵公、齐桓公因闉跂支离无脤和甕盎大瘿的“而视全人”，则是对“德不形”价值的高度肯定。

第四，庄子之“德”的不同境界。

两相比较，方看出“德不形”者的不同境界。

写内心“逍遥”者的“不用”，同时写外在之“德”者的努力所“为”；内心逍遥者享受的是“逍遥”，而外在之德者正在遭遇窘境。“德不形”者也有“情”，但不是“眇乎”是非的“群人”之情，而是“万物为一”的“大道”之情，所以不是与群为属，而是与天同体。

庄子曰："道与之貌，天与之形，无以好恶内伤其身。今子外乎子之神，劳乎子之精，倚树而吟，据槁梧而瞑。天选子之形，子以坚白鸣。"

与惠子的对话，说明了境界不同，结果自然也不同：

自为"道与之貌，天与之形"的"德不形"者，"无伤其身"；"外乎子之神，劳乎子之精"者，只有"倚树而吟，据槁梧而瞑"，只抱定一个"坚白"自鸣叹息！

值得注意的是，庄子强调"德不形"亦即内在之"德"，与孔子为代表的儒家之"德"，从根本上说，并不矛盾。所以都被后人称之为"教"（道教、儒教）。从孔子的"仁"（既包含人与人之间的社会伦理道德，也包含一个人的"天赋"即一个人的内在之德——"人格"，做到"内圣外王"）到孟子的"心性之学"，实则本身都是一条心灵开拓和精神升进之路，这就确立了儒家学说的"宗教性"，亦即其他宗教经由信仰所能达到的效果，儒家经由人文精神或理性主义也同样能达到；“从这种特质看道家，它所要求达到的目标以及如何达到的方法，虽与儒家不同，但强调两面的实践，这一点是相当一致的”。（韦政通《中国思想史·上》，吉林出版集团有限责任公司 2009 年第 1 版）庄子与孟子并不相知，这一点，只是两个智者的不谋而合。

外在实践上，二者不同的是，孔子致力于“道德”的“宣扬教化”，而这正在遭遇尴尬乃至危险；庄子更强调个体的内在修养，让人走向“自由”的心灵王国，在“德”的“教化”上，是“不教之教”，是对人与生俱来、幽微之处的“本真”的“自然”唤起，是“自然跟随”，而这竟能“与夫子中分鲁”。其结果，都是善己而后善人，己达而后达人。

二者的价值都不可低估。于时下不注重个人修养、自甘沉沦者，更有现实的借鉴意义！

“修道”即是“修心”

——浅谈《大宗师》“修道”之外的普遍意义

说庄子的《大宗师》是关于“论道和修道的”，其实不如说是关于修养内心的。“道”侧重于“形而上”，近乎于信仰，而庄子此文恰恰重在“形而下”，是对人生的“具体”指导。

作者开篇，即已给出了“方向定位”：

知天之所为，知人之所为者，至矣！知天之所为者，天而生也；知人之所为者，以其知之所知以养其知之所不知，终其天年而不中道夭者，是知之盛也。

既知“天”的作用，又知“人”的作用，这才是最高的境界。把人看成是上天之子，顺乎天意；又知道人为的作用，用自己的智力所知，来涵养无须用智的内心（“心斋”），使之静寂和豫，做到虚而待物，尽享天年而不中途夭折。这就是最大的智慧，也是庄子指明的“修道”之路。

但这又不限于“修道”，作者“虽然，有患”，话锋一转，直接指向的，是它的“普遍”意义：

> 虽然，有患：夫知有所待而后当，其所待者特未定也。庸讵知吾所谓天之非人乎？所谓人之非天乎？

人生在世，必有所待，但如何看待自己的“所待”，这要看个人的智慧，作者认为需“得当”。世事无常、人生无常，每个人的“所待”又具有“不确定”性，怎样看待，如何区处，这也要看个人智慧，作者则认为既要信人，也要信天，凡事在“天为”与“人为”之间。

作者思想的可贵之处，就在于他看到了“人”的力量本身，而且超越“少数人”的“修道”，把人如何“活好”的普遍意义，作为最重要的价值。

开头写“真人”的四种境界。但道理所针对的，却是“我们”。

第一种，顺乎自然“大道”的境界。“不逆寡，不雄成，不谟士”，能如此，则做事不悔，遇变不惊，也即顺乎自然大道。第二种，把握好人性中“欲望”的境界。“其食不甘”“其息深深”，“其寝不梦”“其觉无忧”，故而为真人，屈服者、嗜欲深者则不然。归根结底，人对外物的“欲望”，是扰心不宁的根由。第三，尊重内心与生命的境界。“不知说生，不知恶死”，“不忘其所始，不求其所终”，应该把人生看成是“翛然而往”的悠然一瞬与“忘而复之”的自然永恒，因而于己身淡定从容，于万物顺应相宜。但

“不知恶死”，绝不是不爱重生命，相反应该“不以心捐道，不以人助天”，即不去做违背自己内心的事情，更不能用生命去完成类似“帮助上天”一般那种无益之事。真正的圣人，看重的是人的“内心”与“生命”，其他一切为“外物”（利、名）所左右，甚或“役人之役，适人之适”者，都不重要，或者根本不可取。第四，与物相宜、天人合一的境界。以“其状义而不朋”统领，意谓人与“外物”的关系应以“相宜”“合适”为度。“若不足而不承”，做事量力而为；“与乎其觚而不坚也，张乎其虚而不华也；邴邴乎其似喜也，崔崔乎其不得已也，滀乎进我色也，与乎止我德也，广乎其似世也，謷乎其未可制也，连乎其似好闭也，悗乎忘其言也”。与人相处，尊重自己的内心但不强势；虚心待物而不浮华；对“外物”也许有所欣喜，但要合乎“我”的内在之“德”，实则是胸怀广大，心不在此；在“以刑为体，以礼为翼，以知为时，以德为循”的世俗中，也要做到“天与人不相胜也”，即“天人合一”。

死生，是“命”中注定，犹如日夜交替，乃自然大道。对自然规律，人是无法干预的。“以天为父”者自不必说，即便生活在“以有君为愈乎已”的世俗社会中，也一定要遵从不可抗拒的自然“大道”。

泉涸，“相濡以沫”之时，才意识到，宁愿彼此忘记，也要回到江湖中去。人与其生活在褒贬尧桀的世俗中，不如把这些忘掉，信仰“大道”。

何谓“宗师”？“宗师”即信仰。我们信仰的，应该是自然大道！懂得“大块载我以形，劳我以生，佚我以老，息我以死”，善吾生而善吾死者，可谓知大道，有信仰；懂得无论尘世变幻如何，必有它的“本真”亦即“大道”在，能把自己的“本真”置于尘世万物的“本真”大道中，“藏”之于“不藏”，在“不得所遯”的“天地”之间又能保全自己，活出“本真”之我，任性遨游，可谓知大道，有信仰。

“道”虽无形，亦不可见，但遵从“大道”者，便能挈天地、袭气母、登云天、处玄宫；便能莫知其始，莫知其终；便能上及有虞，比于列星。但“道”不是学得，而是悟得，得道要看一个人的“天赋”。

> 吾犹守而告之，参日而后能外天下；已外天下矣，吾又守之，七日而后能外物，已外物矣，吾又守之，九日而后能外生；已外生矣，而后能朝彻；朝彻而后能见独；见独而后能无古今；无古今而后能入于不死不生。杀生者不死，生生者不生。其为物无不将也，无不迎也，无不毁也，无不成也。其名为撄宁。撄宁也者，撄而后成者也。

从“外天下”“外物”“外生”“朝彻”“见独”“无古

今”到“不死不生”，这是由虚远到切近的不同境界，实则对一个人来说，是一个“所待”越来越少，精神越来越空灵的蜕变历程，等到“见独”，别开一个境界之时，也就进入了“大道”之境。“无古今”而“不死不生”，这样就解决了一个人最大的苦痛。

一个人如何获得“大道”，抑或是做到有信仰？作者这样说：

闻诸副墨之子，副墨之子闻诸洛诵之孙，洛诵之孙闻之瞻明，瞻明闻之聂许，聂许闻之需役，需役闻之于讴，于讴闻之玄冥，玄冥闻之参寥，参寥闻之疑始。

“大道”抑或是信仰，从书中而来。因为这里有久已传诵的所见、所闻、所为，有神秘、有虚寂、有万物之源。

一个人能从书中读出风景，读出世界，读出价值、金律与信仰，这是庄子对我们最为现实的人生指导！

信仰“大道”，对待“苦难”乃至“死亡”，就有了不同的态度。

子祀、子舆、子犁、子来是“能以无为首，以生为脊，以死为尻”，“知死生存亡之一体”者。子舆成为“曲偻发背，上有五管，颐隐于齐，肩高于顶，句赘指天，阴阳之气有沴”的残疾人，他的态度是“伟哉，夫造物者将以予为此拘拘也”，而且“其心闲而无事，跰𨇤而鉴于井”，自我欣赏。他对现状很满意，并认为人应该“安时而处顺”。“物不胜天久矣”，对上天所赋予的“灾难”，要欣然领受，能解救自己于“倒悬”的，只有自己。子来有病将死之时说，无须惊恐于生死的变化（“无怛化”），人之死，无非“以天地为大炉，以造化为大冶”，“成然寐，蘧然觉”，熟睡无梦，安然自得。更为甚者，是子桑户、孟子反、子琴张了。他们不只是乐意接受死亡，而且把死视为“返本归真”，把生看作是痛苦的事，“以生为附赘县疣，以死为决疣溃痈”。

孟孙才的例子很重要，是写“孔子”对“死”要任由自然安排的认同。更重要的是回答了这样一个问题：即便是亲人的死，也要顺应接受，至于从世俗“礼”的角度看，“哭泣无涕，中心不戚，居丧不哀”，但其已“尽之”（尽了最大努力对待亲人），就是“礼”了。这里调和了“不哀”与“礼”的关系。

过于世俗者，不容易悟得“大道”，信仰“大道”。人要自由逍遥，就不能有太多的世俗观念，为其所累，更不能生活在世俗的评价之中，为其左右。意而子“躬服仁义而明言是非”，是不会进入逍遥之境的，除非他如“无庄之失其美，据梁之失其力，黄帝之失其知”，彻底去掉所谓的仁义是非，或许还有希望，因为“大道”在于调和万物而非小义，在于泽及万世而非小仁，在于永恒覆载天地、雕刻众形而非弄巧。

作者又借颜回之言“坐忘”，指出了可以进入逍遥之境应有的基本心性，即“堕肢体，黜聪明，离形去知”。但要做到“坐忘”而且彻底，实在是太难了，子桑就是最好的反例。

子桑之“病”，应该是身体有了较为严重的疾病。有病，但远不及子舆之病、子来之死，就抱怨起父母天地，而且已经不能掌控其声了，无怪乎他不能悟得“大道”，原来他根本做不到“坐忘”。

修道修心，原也在天、人之间啊！

人人皆可为“帝王”

——兼谈《应帝王》的主题意义

有人认为《应帝王》是“回答帝王如何治理天下问题的，故曰‘应帝王’”。这样的说法，值得商榷。

何为“帝”？作者在文章的最后这样说：

南海之帝为儵，北海之帝为忽，中央之帝为浑沌。儵与忽时相与遇于浑沌之地，浑沌待之甚善。儵与忽谋报浑沌之德，曰：“人皆有七窍以视听食息。此独无有，尝试凿之。”日凿一窍，七日而浑沌死。

这段文字中三次出现“帝”，“儵”是“帝”，“忽”是“帝”，“浑沌”也是“帝”。看似虚拟人名，实则应该是人的“内心”状态。“儵”然者、“忽”然者，皆为“匆匆”之意。从行为、意愿上看，它们还要“报德”，而它们的报德方式，是为“浑沌”凿“七窍”，目的是让“浑沌”也能“视听食息”。这就是说，“儵”“忽”都是人积极参与世务的“有为”状态，所以在庄子看来，不过是“匆匆”一瞬、过眼云烟罢了。而“浑沌”，是彼此不分、万物为一、进入“大道”的“内心”状态，所以谓之“中央之帝”。有如此内心之人，便是“王”者。

“浑沌”一旦有了“七窍”，也能够“视听食息”，那么一定会为世俗所累，为世务所扰，原来的状态也就不存在了。所以它不出七日便死了。

庄子不是孔子，他没有“周游列国”说服人家如何治国理政的意愿，也不屑于关心任何一位执政者，他在文中多次用到他们的名字，其实不过是假托而已。他心中至高至圣者，是自然“大道”；他关注的，是人的内心该如何走向自由王国，自在逍遥。

他要告诉人的，是如何让自己成为遵循“大道”的“王者”。

不为外物所累。“啮缺问于王倪”，王倪“四问而四不知”，啮缺便“大喜”。为什么要“大喜”？因为这就是开头说的那种“浑沌”的“王者”状态。一般之人，该如王倪。那么受人敬仰的有虞氏（舜）该是“王者”吧？还不是，这方面他不及泰氏（伏羲氏）。因为有虞氏“其犹藏仁以要人，亦得人矣，而未始出于非人”。有虞氏看似“仁”者，但他的目的是要感化人、笼络人，而不是出于“非人”亦即“万物同一”的“大仁”，其实仍为“外物”所累；泰氏“其卧徐徐，其觉于于，一以己为马，一以己为牛。其知情信，其德甚真，而未始入于非人”。泰氏心中“万物为一”，从未生活在为“外物”所累的世俗之中。这就是“王者”。

君人者，应该“顺应”“无为”。不要以为“我”是“君人者”，“我”公布的“经式义度”，就人人能听从而且能被“教化”。这种强硬而“为”的做法，无异于“涉海凿河而使蚊负山”，必多流于形式而实际效果甚微。狂接舆称之为“欺德”，即虚伪的道德。为君人者最好的办法是自己“身正”，“正而后行”，人们便“自然跟随”（如《德充符》中的哀骀它），这就是“无为”之“为”。如此，还要“确乎能其事者而已矣”，让人们能干什么就干什么吧。就像“鸟高飞以避矰弋之害，鼷鼠深穴乎神丘之下以避熏凿之患”一样，人的内心有“正”向的近乎本能的力量，于事于物自有“义度”，是“自由”的王者，无需外在法度的约束。这才是真“化”。用无名人的话说就是：“汝游心于淡，合气于漠，顺物自然而无容私焉，而天下治矣。”这就是“王者”。

不为功名所使。一般人，因为“向疾强梁，物彻疏明，学道不勸”，就有了可用之处，就要受人所用，也即为外物所累，何谈“王者”之心？这也就如同“虎豹之文来田，猨狙之便执斄之狗来藉”了。治理天下者，应该“功盖天下而似不自己，化贷万物而民弗恃。有莫举名，使物自喜”。即功盖天下，但又不是出于有意而为；施恩于万物，又不让百姓感觉是一种仰仗；做好了也不说出来，让万物自感和豫。一切都出于“无为”。“立乎不测，而游于无有者也”，顺应自然而治，心在“无有之乡”，才是“明王之治”。这就是“王者”。

作者主张“无为”，但又不是让我们完全“不为”，是要“不为而为”。有虞氏之“仁”要“大仁”；“君人者”治国要先“身正”；“向疾强梁，物彻疏明，学道不勸”者，要不“疾”不“强”，也无需“物彻疏明，学道不勸”；“明王之治”要“不自己”“民弗恃”“莫举名”“立乎不测”。这都是要“为”，而又能永葆内心的自由，成为“王者”。

这就是所谓的“浑沌”状态。这状态，通过壶子的故事，讲得生动、形象：

明日，列子与之见壶子。出而谓列子曰：“嘻！子之先生死矣！弗活矣！不以旬数矣！吾见怪焉，见湿灰焉。”列子入，泣涕沾襟以告壶子。壶子曰：“乡吾示之以地文，萌乎不震不正，是殆见吾杜德机也，尝又与来。”明日，又与之见壶子。出而谓列子曰：“幸矣！子之先生遇我也，有瘳矣！全然有生矣！吾见其杜权矣！”列子入，以告壶子。壶子曰：“乡吾示之以天壤，名实不入，而机发于踵。是殆见吾善者机也，尝又与来。”明日，又与之见壶子。出而谓列子曰：“子之先生不齐，吾无得而相焉。试齐，且复相之。”列子入，以告壶子。壶子曰：“吾乡示之以太冲莫胜，是殆见吾衡气机也，鲵桓之审为渊，止水之审为渊，流水之审为渊。渊有九名，此处三焉。尝又与来。”明日，又与之见壶子。立未定，自失而走。壶子曰：“追之！”列子追之不及。反，以报壶子曰：“已灭矣，已失矣，吾弗及已。”壶子曰：“乡吾示之以未始出吾宗。吾与之虚而委蛇，不知其谁何，因以为弟靡，因以为波流，故逃也。”

季咸一见壶子，虽见“湿灰”（必死的状态），实则“萌乎不震不正”，静中有动，动中有静的内心静寂之状态；二见，虽见“有瘳”（有好转的希望），实则“名实不入”，完全不为名利（“外物”）所动之状态；三见，实为动而调和，无所偏私，万物同一之状态。“渊有九名，此处三焉”，“道”的更深更高境界还不止于此，甚至连壶子自己所达到的程度还没有显露出来。这时，“郑人见之，皆弃而走”

“列子见之而心醉”的神巫季咸，就“自失而走”，不自觉地跑了。为什么？他看不懂了。这就是壶子和列子的区别：一个深得“大道”而无法让人看懂，一个显露在外，一看便知。壶子讲的“地文”“天壤”“太冲莫胜”也许我们不懂，我们也无须懂得，所以后文作者告诉我们一个朴素而又普遍的道理：“大道”之境，在于“虚而委蛇”，“因以为弟靡，因以为波流”，即随机应变，犹如草随风披靡，水随波逐流。

列子懂得了壶子的意思，意识到原来所谓的“修道”不是人人能懂、人人能学的，但是遵循“大道”，做自己的“王者”，却是人人可追求到的。所以他弃学而归，“三年不出，为其妻爨，食豕如食人，于事无与亲。雕琢复朴，块然独以其形立。纷而封哉，一以是终”。他没有再参悟高深的“道”理，只是做最简单的事情：对待一切事物无所偏爱，在纷乱的世界中固守真朴。他成功了，成了自己的精神王者。

通过列子的例子我们看出，作者最终指向的，不在“修道”，而在“修心”，修成无识无知之心、浑沌之心，做精神王者。

接着，作者对列子达到的境界做了诠释，实则也是对成为自己“帝王”的更高境界的诠释：

> 无为名尸，无为谋府，无为事任，无为知主。体尽无穷，而游无朕。尽其所受乎天而无见得，亦虚而已！至人之用心若镜，不将不迎，应而不藏，故能胜物而不伤。

简单说就是：不为名而活，不为利而谋，不为世务役使，也不去做智者；虚待上天所赐，不求人为改变；超脱外物，体会大道，进入逍遥之境。

【附录】:《庄子·内篇》(曹础基《庄子浅注》修订重排本，中华书局，2007年3月第3版)

逍遥游第一

北冥有鱼，其名为鲲。鲲之大，不知其几千里也。化而为鸟，其名为鹏。鹏之背，不知其几千里也。怒而飞，其翼若垂天之云。是鸟也，海运则将徙于南冥。南冥者，天池也。

《齐谐》者，志怪者也。《谐》之言曰："鹏之徙于南冥也，水击三千里，抟扶摇而上者九万里，去以六月息者也。"野马也，尘埃也，生物之以息相吹也。天之苍苍，其正色邪？其远而无所至极邪？其视下也，亦若是则已矣。

且夫水之积也不厚，则其负大舟也无力。覆杯水于坳堂之上，则芥为之舟。置杯焉则胶，水浅而舟大也。风之积也不厚，则其负大翼也无力。故九万里则风斯在下矣，而后乃今培风；背负青天而莫之夭阏者，而后乃今将图南。

蜩与学鸠笑之曰："我决起而飞，抢榆枋，时则不至而控于地而已矣，奚以之九万里而南为？"适莽苍者，三飡而反，腹犹果然；适百里者，宿舂粮；适千里者，三月聚粮。之二虫又何知！

小知不及大知，小年不及大年。奚以知其然也？朝菌不知晦朔，蟪蛄不知春秋，此小年也。楚之南有冥灵者，以五百岁为春，五百岁为秋；上古有大椿者，以八千岁为春，八千岁为秋。而彭祖乃今以久特闻，众人匹之，不亦悲乎！

汤之问棘也是已：穷发之北，有冥海者，天池也。有鱼焉，其广数千里，未有知其修者，其名为鲲。有鸟焉，其名为鹏，背若太山，翼若垂天之云，抟扶摇羊角而上者九万里，绝云气，负青天，然后图南，且适南冥也。

斥鴳笑之曰：“彼且奚适也？我腾跃而上，不过数仞而下，翱翔蓬蒿之间，此亦飞之至也，而彼且奚适也？”此小大之辩也。

故夫知效一官，行比一乡，德合一君，而徵一国者，其自视也，亦若此矣。而宋荣子犹然笑之。且举世而誉之而不加劝，举世而非之而不加沮，定乎内外之分，辩乎荣辱之境，斯已矣。彼其于世，未数数然也。虽然，犹有未树也。

夫列子御风而行，泠然善也，旬有五日而后反。彼于致福者。未数数然也。此虽免乎行，犹有所待者也。

若夫乘天地之正，而御六气之辩，以游无穷者，彼且恶乎待哉！故曰：至人无己，神人无功，圣人无名。

尧让天下于许由，曰：“日月出矣，而爝火不息，其于光也，不亦难乎！时雨降矣，而犹浸灌，其于泽也，不亦劳乎！夫子立而天下治，而我犹尸之，吾自视缺然。请致天下。”许由曰：“子治天下，天下既已治也，而我犹代子，吾将为名乎？名者，实之宾也，吾将为宾乎？鹪鹩巢于深林，不过一枝；偃鼠饮河，不过满腹。归休乎君，予无所用天下为！庖人虽不治庖，尸祝不越樽俎而代之矣。”

肩吾问于连叔曰：“吾闻言于接舆，大而无当，往而不返。吾惊怖其言犹河汉而无极也，大有径庭，不近人情焉。”连叔曰：“其言谓何哉？”“曰‘藐姑射之山，有神人居焉。肌肤若冰雪，淖约若处子；不食五谷，吸风饮露；乘云气，御飞龙，而游乎四海之外；其神凝，使物不疵疠而年谷熟’。吾以是狂而不信也。”连叔曰：“然。瞽者无以与乎文章之观，聋者无以与乎钟鼓之声。岂唯形骸有聋盲哉？夫知亦有之。是其言也，犹时女也。之人也，之德也，将旁礴万物以为一，世蕲乎乱，孰弊弊焉以天下为事！之人也，物莫之伤，大浸稽天而不溺，大旱金石流、土山焦而不热。是其尘垢秕糠，将犹陶铸尧舜者也，孰肯以物为事！”

宋人资章甫而适诸越，越人断发文身，无所用之。

尧治天下之民，平海内之政。往见四子藐姑射之山，汾水之阳，窅然丧其天下焉。

惠子谓庄子曰：“魏王贻我大瓠之种，我树之成而实五石。以盛水浆，其坚不能自举也。剖之以为瓢，则瓠落无所容。非不呺然大也，吾为其无用而掊之。”庄子曰：“夫子固拙于用大矣。宋人有善为不龟手之药者，世世以洴澼絖为事。客闻之，请买其方百金。聚族而谋曰：‘我世世为洴澼絖，不过数金。今一朝而鬻技百金，请与之。’客得之，以说吴王。越有难，吴王使之将。冬，与越人水战，大败越人，裂地而封之。能不龟手一也，或以封，或不免于洴澼絖，则所用之异也。今子有五石之瓠，何不虑以为大樽而浮乎江湖，而忧其瓠落无所容？则夫子犹有蓬之心也夫！”

惠子谓庄子曰："吾有大树，人谓之樗。其大本拥肿而不中绳墨，其小枝卷曲而不中规矩。立之涂，匠者不顾。今子之言，大而无用，众所同去也。"庄子曰："子独不见狸狌乎？卑身而伏，以候敖者；东西跳梁，不避高下；中于机辟，死于罔罟。今夫斄牛，其大若垂天之云。此能为大矣，而不能执鼠。今子有大树，患其无用，何不树之于无何有之乡，广莫之野，彷徨乎无为其侧，逍遥乎寝卧其下。不夭斤斧，物无害者，无所可用，安所困苦哉！"

齐物论第二

南郭子綦隐机而坐，仰天而嘘，苔焉似丧其耦。颜成子游立侍乎前，曰：“何居乎？形固可使如槁木，而心固可使如死灰乎？今之隐机者，非昔之隐机者也？”子綦曰：“偃，不亦善乎而问之也！今者吾丧我，汝知之乎？女闻人籁而未闻地籁，女闻地籁而未闻天籁夫！”

子游曰：“敢问其方。”子綦曰：“夫大块噫气，其名为风。是唯无作，作则万窍怒呺。而独不闻之翏翏乎？山林之畏佳，大木百围之窍穴，似鼻，似口，似耳，似枅，似圈，似臼，似洼者，似污者。激者、謞者、叱者、吸者、叫者、譹者、宎者、咬者，前者唱于而随者唱喁，泠风则小和，飘风则大和，厉风济则众窍为虚。而独不见之调调之刀刀乎?”

子游曰:“地籁则众窍是已,人籁则比竹是已,敢问天籁。”子綦曰:“夫吹万不同,而使其自已也。咸其自取,怒者其谁邪?”

大知闲闲,小知间间。大言炎炎,小言詹詹。其寐也魂交,其觉也形开。与接为构,日以心斗。缦者、窖者、密者。小恐惴惴,大恐缦缦。其发若机栝,其司是非之谓也;其留如诅盟,其守胜之谓也;其杀若秋冬,以言其日消也;其溺之所为之,不可使复之也;其厌也如缄,以言其老洫也;近死之心,莫使复阳也。喜怒哀乐,虑叹变慹,姚佚启态——乐出虚,蒸成菌。日夜相代乎前而莫知其所萌。已乎,已乎!旦暮得此,其所由以生乎!

非彼无我,非我无所取。是亦近矣,而不知其所为使。若有真宰,而特不得其眹。可行已信,而不见其形,有情而无形。百骸、九窍、六藏,赅而存焉,吾谁与为亲?汝皆说之乎？其有私焉？如是皆有为臣妾乎？其臣妾不足以相治乎？其递相为君臣乎？其有真君存焉！如求得其情与不得，无益损乎其真。一受其成形，不亡以待尽。与物相刃相靡，其行尽如驰而莫之能止，不亦悲乎！终身役役而不见其成功，苶然疲役而不知其所归，可不哀邪！人谓之不死，奚益！其形化，其心与之然，可不谓大哀乎？人之生也，固若是芒乎？其我独芒，而人亦有不芒者乎？

夫随其成心而师之，谁独且无师乎？奚必知代而心自取者有之？愚者与有焉！未成乎心而有是非，是今日适越而昔至也。是以无有为有。无有为有，虽有神禹且不能知，吾独且奈何哉！

夫言非吹也，言者有言。其所言者特未定也。果有言邪？其未尝有言邪？其以为异于鷇音，亦有辩乎？其无辩乎？道恶乎隐而有真伪？言恶乎隐而有是非？道恶乎往而不存？言恶乎存而不可？道隐于小成，言隐于荣华。故有儒墨之是非，以是其所非而非其所是。欲是其所非而非其所是，则莫若以明。

物无非彼，物无非是。自彼则不见，自知则知之。故曰：彼出于是，是亦因彼。彼是方生之说也。虽然，方生方死，方死方生；方可方不可，方不可方可；因是因非，因非因是。是以圣人不由而照之于天，亦因是也。是亦彼也，彼亦是也。彼亦一是非，此亦一是非，果且有彼是乎哉？果且无彼是乎哉？彼是莫得其偶，谓之道枢。枢始得其环中，以应无穷。是亦一无穷，非亦一无穷也。故曰：莫若以明。

以指喻指之非指，不若以非指喻指之非指也；以马喻马之非马，不若以非马喻马之非马也。天地一指也，万物一马也。

可乎可，不可乎不可。道行之而成，物谓之而然。恶乎然？然于然。恶乎不然？不然于不然。物固有所然，物固有所可。无物不然，无物不可。故为是举莛与楹，厉与西施，恢恑憰怪，道通为一。

其分也，成也；其成也，毁也。凡物无成与毁，复通为一。唯达者知通为一，为是不用而寓诸庸。庸也者，用也；用也者，通也；通也者，得也。适得而几矣。因是已，已而不知其然谓之道。劳神明为一而不知其同也，谓之“朝三”。何谓“朝三”？狙公赋芧，曰：“朝三而暮四。”众狙皆怒。曰：“然则朝四而暮三。”众狙皆悦。名实未亏而喜怒为用，亦因是也。是以圣人和之以是非而休乎天钧，是之谓两行。

古之人，其知有所至矣。恶乎至？有以为未始有物者，至矣，尽矣，不可以加矣！其次以为有物矣，而未始有封也。其次以为有封焉，而未始有是非也。是非之彰也，道之所以亏也。道之所以亏，爱之所以成。果且有成与亏乎哉？果且无成与亏乎哉？有成与亏，故昭氏之鼓琴也；无成与亏，故昭氏之不鼓琴也。昭文之鼓琴也，师旷之枝策也，惠子之据梧也，三子之知几乎皆其盛者也，故载之末年。唯其好之也以异于彼，其好之也欲以明之。彼非所明而明之，故以坚白之昧终。而其子又以文之纶终，终身无成。若是而可谓成乎，虽我亦成也；若是而不可谓成乎，物与我无成也。是故滑疑之耀，圣人之所图也。为是不用而寓诸庸，此之谓"以明"。

今且有言于此，不知其与是类乎？其与是不类乎？类与不类，相与为类，则与彼无以异矣。虽然，请尝言之：有始也者，有未始有始也者，有未始有夫未始有始也者；有有也者，有无也者，有未始有无也者，有未始有夫未始有无也者。俄而有无矣，而未知有无之果孰有孰无也。今我则已有谓矣，而未知吾所谓之其果有谓乎？其果无谓乎？

天下莫大于秋豪之末，而大山为小；莫寿乎殇子，而彭祖为夭。天地与我并生，而万物与我为一。既已为一矣，且得有言乎？既已谓之一矣，且得无言乎？一与言为二，二与一为三。自此以往，巧历不能得，而况其凡乎！故自无适有，以至于三，而况自有适有乎！无适焉，因是已！

夫道未始有封，言未始有常，为是而有畛也。请言其畛：有左有右，有伦有义，有分有辩，有竞有争，此之谓八德。六合之外，圣人存而不论；六合之内，圣人论而不议；春秋经世先王之志，圣人议而不辩。

故分也者，有不分也；辩也者，有不辩也。曰："何也？""圣人怀之，众人辩之以相示也。故曰：辩也者，有不见也。"夫大道不称，大辩不言，大仁不仁，大廉不嗛，大勇不忮。道昭而不道，言辩而不及，仁常而不成，廉清而不信，勇忮而不成。五者圆而几向方矣！故知止其所不知，至矣。孰知不言之辩，不道之道？若有能知，此之谓天府。注焉而不满，酌焉而不竭，而不知其所由来，此之谓葆光。

故昔者尧问于舜曰："我欲伐宗脍、胥、敖，南面而不释然。其故何也？"舜曰："夫三子者，犹存乎蓬艾之间。若不释然何哉！昔者十日并出，万物皆照，而况德之进乎日者乎！"

齧缺问乎王倪曰："子知物之所同是乎？"曰："吾恶乎知之！""子知子之所不知邪？"曰："吾恶乎知之！""然则物无知邪？"曰："吾恶乎知之！虽然，尝试言之：庸讵知吾所谓知之非不知邪？庸讵知吾所谓不知之非知邪？且吾尝试问乎女：民湿寝则腰疾偏死，鳅然乎哉？木处则惴栗恂惧，猨猴然乎哉？三者孰知正处？民食刍豢，麋鹿食荐，蝍蛆甘带，鸱鸦耆鼠，四者孰知正味？猿猵狙以为雌，麋与鹿交，鳅与鱼游。毛嫱丽姬，人之所美也；鱼见之深入，鸟见之高飞，麋鹿见之决骤，四者孰知天下之正色哉？自我观之，仁义之端，是非之涂，樊然淆乱，吾恶能知其辩！"齧缺曰："子不知利害，则至人固不知利害乎？"王倪曰："至人神矣！大泽焚而不能热，河汉沍而不能寒，疾雷破山、飘风振海而不能惊。若然者，乘云气，骑日月，而游乎四海之外，死生无变于己，而况利害之端乎！"

瞿鹊子问乎长梧子曰："吾闻诸夫子：圣人不从事于务，不就利，不违害，不喜求，不缘道，无谓有谓，有谓无谓，而游乎尘垢之外。夫子以为孟浪之言，而我以为妙道之行也。吾子以为奚若？"

长梧子曰："是黄帝之所听荧也，而丘也何足以知之！且女亦大早计，见卵而求时夜，见弹而求鸮炙。予尝为女妄言之，女以妄听之。奚旁日月，挟宇宙，为其吻合，置其滑涽，以隶相尊？众人役役，圣人愚芚，参万岁而一成纯。万物尽然，而以是相蕴。予恶乎知说生之非惑邪！予恶乎知恶死之非弱丧而不知归者邪！

"丽之姬，艾封人之子也。晋国之始得之也，涕泣沾襟。及其至于王所，与王同筐床，食刍豢，而后悔其泣也。

予恶乎知夫死者不悔其始之蕲生乎？梦饮酒者，旦而哭泣；梦哭泣者，旦而田猎。方其梦也，不知其梦也。梦之中又占其梦焉，觉而后知其梦也。且有大觉而后知此其大梦也，而愚者自以为觉，窃窃然知之。'君乎！牧乎！'固哉！丘也与女皆梦也，予谓女梦亦梦也。是其言也，其名为吊诡。万世之后而一遇大圣知其解者，是旦暮遇之也。

"既使我与若辩矣，若胜我，我不若胜，若果是也？我果非也邪？我胜若，若不吾胜，我果是也？而果非也邪？其或是也？其或非也邪？其俱是也？其俱非也邪？我与若不能相知也。则人固受其黮闇，吾谁使正之？使同乎若者正之，既与若同矣，恶能正之？使同乎我者正之，既同乎我矣，恶能正之？使异乎我与若者正之，既异乎我与若矣，恶能正之？使同乎我与若者正之，既同乎我与若矣，恶能正之？然则我与若与人俱不能相知也，而待彼也邪？"

"何谓和之以天倪？"曰："是不是，然不然。是若果是也，则是之异乎不是也亦无辩；然若果然也，则然之异乎不然也亦无辩。化声之相待，若其不相待。和之以天倪，因之以曼衍，所以穷年也。忘年忘义，振于无竟，故寓诸无竟。”

罔两问景曰：“曩子行，今子止；曩子坐，今子起。何其无特操与?”景曰：“吾有待而然者邪？吾所待又有待而然者邪？吾待蛇蚹蜩翼邪？恶识所以然？恶识所以不然?”

昔者庄周梦为胡蝶，栩栩然胡蝶也。自喻适志与！不知周也。俄然觉，则蘧蘧然周也。不知周之梦为胡蝶与？胡蝶之梦为周与？周与胡蝶则必有分矣。此之谓物化。

养生主第三

吾生也有涯，而知也无涯。以有涯随无涯，殆已！已而为知者，殆而已矣！为善无近名，为恶无近刑，缘督以为经，可以保身，可以全生，可以养亲，可以尽年。

庖丁为文惠君解牛，手之所触，肩之所倚，足之所履，膝之所踦，砉然响然，奏刀騞然，莫不中音，合于桑林之舞，乃中经首之会。

文惠君曰："嘻，善哉！技盖至此乎?"庖丁释刀对曰："臣之所好者道也，进乎技矣。始臣之解牛之时，所见无非全牛者；三年之后，未尝见全牛也；方今之时，臣以神遇而不以目视，官知止而神欲行。依乎天理，批大郤，导大窾，因其固然。技经肯綮之未尝，而况大軱乎！良庖岁更刀，割也；族庖月更刀，折也；今臣之刀十九年矣，所解数千牛矣，而刀刃若新发于硎。彼节者有间而刀刃者无厚，以无厚入有间，恢恢乎其于游刃必有余地矣。是以十九年而刀刃若新发于硎。虽然，每至于族，吾见其难为，怵然为戒，视为止，行为迟，动刀甚微，謋然已解，如土委地。提刀而立，为之四顾，为之踌躇满志，善刀而藏之。”文惠君曰：“善哉！吾闻庖丁之言，得养生焉。”

公文轩见右师而惊曰：“是何人也？恶乎介也？天与？其人与？”曰：“天也，非人也。天之生是使独也，人之貌有与也。以是知其天也，非人也。”

泽雉十步一啄，百步一饮，不蕲畜乎樊中。神虽王，不善也。

老聃死，秦失吊之，三号而出。弟子曰：“非夫子之友邪？”曰：“然。”“然则吊焉若此可乎？”曰：“然。始也吾以为其人也，而今非也。向吾入而吊焉，有老者哭之，如哭其子；少者哭之，如哭其母。彼其所以会之，必有不蕲言而言，不蕲哭而哭者。是遁天倍情，忘其所受，古者谓之遁天之刑。适来，夫子时也；适去，夫子顺也。安时而处顺，哀乐不能入也，古者谓是帝之县解。”

指穷于为薪，火传也，不知其尽也。

人间世第四

颜回见仲尼，请行。曰：“奚之？”曰：“将之卫。”曰：“奚为焉？”曰：“回闻卫君，其年壮，其行独。轻用其国而不见其过。轻用民死，死者以国量，乎泽若蕉，民其无如矣！回尝闻之夫子曰：‘治国去之，乱国就之。医门多疾。’愿以所闻思其则，庶几其国有瘳乎！”

仲尼曰：“嘻，若殆往而刑耳！夫道不欲杂，杂则多，多则扰，扰则忧，忧而不救。古之至人，先存诸己而后存诸人。所存于己者未定，何暇至于暴人之所行！且若亦知夫德之所荡而知之所为出乎哉？德荡乎名，知出乎争。名也者，相轧也；知也者，争之器也。二者凶器，非所以尽行也。

且德厚信矼，未达人气；名闻不争，未达人心。而强以仁义绳墨之言術暴人之前者，是以人恶有其美也，命之曰菑人。菑人者，人必反菑之。若殆为人菑夫。

且苟为悦贤而恶不肖，恶用而求有以异？若唯无诏，王公必将乘人而斗其捷。而目将荧之，而色将平之，口将营之，容将形之，心且成之。是以火救火，以水救水，名之曰益多。顺始无穷，若殆以不信厚言，必死于暴人之前矣！

且昔者桀杀关龙逢，纣杀王子比干，是皆修其身以下伛拊人之民，以下拂其上者也，故其君因其修以挤之。是好名者也。

昔者尧攻丛枝、胥、敖，禹攻有扈。国为虚厉，身为刑戮。其用兵不止，其求实无已，是皆求名实者也，而独不闻之乎？名实者，圣人之所不能胜也，而况若乎！虽然，若必有以也，尝以语我来。”

颜回曰："端而虚，勉而一，则可乎？"曰："恶！恶可！夫以阳为充孔扬，采色不定，常人之所不违，因案人之所感，以求容与其心，名之曰日渐之德不成，而况大德乎！将执而不化，外合而内不訾，其庸讵可乎！"

"然则我内直而外曲，成而上比。内直者，与天为徒。与天为徒者，知天子之与己，皆天之所子，而独以己言蕲乎而人善之，蕲乎而人不善之邪？若然者，人谓之童子，是之谓与天为徒。外曲者，与人之为徒也。擎跽曲拳，人臣之礼也。人皆为之，吾敢不为邪？为人之所为者，人亦无疵焉，是之谓与人为徒。成而上比者，与古为徒。其言虽教，谪之实也，古之有也，非吾有也。若然者，虽直而不病，是之谓与古为徒。若是则可乎？"仲尼曰："恶！恶可！大多政法而不谍。虽固，亦无罪。虽然，止是耳矣，夫胡可以及化！犹师心者也。"

颜回曰："吾无以进矣，敢问其方。"仲尼曰："斋，吾将语若。有心而为之，其易邪？易之者，皞天不宜。”颜回曰：“回之家贫，唯不饮酒不茹荤者数月矣。如此则可以为斋乎？”曰：“是祭祀之斋，非心斋也。”

回曰：“敢问心斋。”仲尼曰：“若一志，无听之以耳而听之以心；无听之以心而听之以气。听止于耳，心止于符。气也者，虚而待物者也。唯道集虚。虚者，心斋也。”

颜回曰：“回之未始得使，实自回也；得使之也，未始有回也，可谓虚乎？”夫子曰：“尽矣！吾语若：若能入游其樊而无感其名，入则鸣，不入则止。无门无毒，一宅而寓于不得已则几矣。绝迹易，无行地难。为人使易以伪，为天使难以伪。闻以有翼飞者矣，未闻以无翼飞者也；闻以有知知者矣，未闻以无知知者也。瞻彼阕者，虚室生白，吉祥止止。夫且不止，是之谓坐驰。夫徇耳目内通而外于心知，鬼神将来舍，而况人乎！是万物之化也，禹、舜之所纽也，伏戏、几蘧之所行终，而况散焉者乎！”

叶公子高将使于齐，问于仲尼曰："王使诸梁也甚重。齐之待使者，盖将甚敬而不急。匹夫犹未可动，而况诸侯乎！吾甚栗之。子常语诸梁也曰：'凡事若小若大，寡不道以欢成。事若不成，则必有人道之患；事若成，则必有阴阳之患。若成若不成而后无患者，唯有德者能之。'吾食也执粗而不臧，爨无欲清之人。今吾朝受命而夕饮冰，我其内热与！吾未至乎事之情而既有阴阳之患矣！事若不成，必有人道之患，是两也。为人臣者不足以任之，子其有以语我来！"

仲尼曰："天下有大戒二：其一命也，其一义也。子之爱亲，命也，不可解于心；臣之事君，义也，无适而非君也，无所逃于天地之间。是之谓大戒。是以夫事其亲者，不择地而安之，孝之至也；夫事其君者，不择事而安之，忠之盛也；自事其心者，哀乐不易施乎前，知其不可奈何而安之若命，德之至也。为人臣子者，固有所不得已。行事之情而忘其身，何暇至于悦生而恶死！夫子其行可矣！

丘请复以所闻：凡交近则必相靡以信，远则必忠之以言。言必或传之。夫传两喜两怒之言，天下之难者也。夫两喜必多溢美之言，两怒必多溢恶之言。凡溢之类妄，妄则其信之也莫，莫则传言者殃。故法言曰：'传其常情，无传其溢言，则几乎全。'

且以巧斗力者，始乎阳，常卒乎阴，泰至则多奇巧；以礼饮酒者，始乎治，常卒乎乱，泰至则多奇乐。凡事亦然，始乎谅，常卒乎鄙；其作始也简，其将毕也必巨。言者，风波也；行者，实丧也。夫风波易以动，实丧易以危。故忿设无由，巧言偏辞。兽死不择音，气息茀然，于是并生心厉。剋核大至，则必有不肖之心应之而不知其然也。苟为不知其然也，孰知其所终！故法言曰：'无迁令，无劝成。过度益也。'迁令劝成殆事。美成在久，恶成不及改，可不慎与！且夫乘物以游心，托不得已以养中，至矣。何作为报也！莫若为致命，此其难者?”

颜阖将傅卫灵公大子，而问于蘧伯玉曰；“有人于此，其德天杀。与之为无方则危吾国，与之为有方则危吾身。其知适足以知人之过，而不知其所以过。若然者，吾奈之何?”蘧伯玉曰：“善哉问乎！戒之，慎之，正女身也哉！形莫若就，心莫若和。虽然，之二者有患。就不欲入，和不欲出。形就而入，且为颠为灭，为崩为蹶；心和而出，且为声为名，为妖为孽。彼且为婴儿，亦与之为婴儿；彼且为无町畦，亦与之为无町畦；彼且为无崖，亦与之为无崖；达之，入于无疵。

汝不知夫螳螂乎？怒其臂以当车辙，不知其不胜任也，是其才之美者也。戒之，慎之，积伐而美者以犯之，几矣！

汝不知夫养虎者乎？不敢以生物与之，为其杀之之怒也；不敢以全物与之，为其决之之怒也。时其饥饱，达其怒心。虎之与人异类，而媚养己者，顺也；故其杀者，逆也。

夫爱马者，以筐盛矢，以蜄盛溺。适有蚊虻仆缘，而拊之不时，则缺衔毁首碎胸。意有所至而爱有所亡，可不慎邪！”

匠石之齐，至于曲辕，见栎社树。其大蔽数千牛，絜之百围，其高临山十仞而后有枝，其可以为舟者旁十数。观者如市，匠伯不顾，遂行不辍。弟子厌观之，走及匠石，曰：“自吾执斧斤以随夫子，未尝见材如此其美也。先生不肯视，行不辍，何邪?”曰：“已矣，勿言之矣！散木也。以为舟则沉，以为棺椁则速腐，以为器则速毁，以为门户则液樠，以为柱则蠹，是不材之木也。无所可用，故能若是之寿。”

匠石归，栎社见梦曰：“女将恶乎比予哉？若将比予于文木邪？夫柤梨橘柚果蓏之属，实熟则剥，剥则辱。大枝折，小枝泄。此以其能苦其生者也。故不终其天年而中道夭，自掊击于世俗者也。物莫不若是。且予求无所可用久矣！几死，乃今得之，为予大用。使予也而有用，且得有此大也邪？且也若与予也皆物也，奈何哉其相物也？而几死之散人，又恶知散木！”匠石觉而诊其梦。弟子曰：“趣取无用，则为社何邪？”曰：“密！若无言！彼亦直寄焉！以为不知己者诟厉也。不为社者，且几有剪乎！且也彼其所保与众异，而以义喻之，不亦远乎！”

南伯子綦游乎商之丘，见大木焉，有异：结驷千乘，隐，将芘其所藾。子綦曰：“此何木也哉！此必有异材夫！”仰而视其细枝，则拳曲而不可以为栋梁；俯而视其大根，则轴解而不可以为棺椁；咶其叶，则口烂而为伤；嗅之，则使人狂酲三日而不已。子綦曰：“此果不材之木也，以至于此其大也。嗟乎，神人以此不材。”

宋有荆氏者，宜楸柏桑。其拱把而上者，求狙猴之杙者斩之；三围四围，求高名之丽者斩之；七围八围，贵人富商之家求樿傍者斩之。故未终其天年而中道之夭于斧斤，此材之患也。故解之以牛之白颡者，与豚之亢鼻者，与人有痔病者，不可以适河。此皆巫祝以知之矣，所以为不祥也。此乃神人之所以为大祥也。

支离疏者，颐隐于脐，肩高于顶，会撮指天，五管在上，两髀为胁。挫针治繲，足以餬口；鼓筴播精，足以食十人。上征武士，则支离攘臂而游于其间；上有大役，则支离以有常疾不受功；上与病者粟，则受三锺与十束薪。夫支离其形者，犹足以养其身，终其天年，又况支离其德者乎！

孔子适楚，楚狂接舆游其门曰："凤兮凤兮，何如德之衰也。来世不可待，往世不可追也。天下有道，圣人成焉；天下无道，圣人生焉。方今之时，仅免刑焉！福轻乎羽，莫之知载；祸重乎地，莫之知避。已乎，已乎！临人以德。殆乎，殆乎！画地而趋。迷阳迷阳，无伤吾行。吾行郤曲，无伤吾足。"

山木，自寇也；膏火，自煎也。桂可食，故伐之；漆可用，故割之。人皆知有用之用，而莫知无用之用也。

德充符第五

鲁有兀者王骀，从之游者与仲尼相若。常季问于仲尼曰：“王骀，兀者也，从之游者与夫子中分鲁。立不教，坐不议。虚而往，实而归。固有不言之教，无形而心成者邪？是何人也？”仲尼曰：“夫子，圣人也，丘也直后而未往耳！丘将以为师，而况不若丘者乎！奚假鲁国，丘将引天下而与从之。”

常季曰：“彼兀者也，而王先生，其与庸亦远矣。若然者，其用心也，独若之何？”仲尼曰：“死生亦大矣，而不得与之变；虽天地覆坠，亦将不与之遗；审乎无假而不与物迁，命物之化而守其宗也。”

常季曰：“何谓也？”仲尼曰：“自其异者视之，肝胆楚越也；自其同者视之，万物皆一也。夫若然者，且不知耳目之所宜，而游心乎德之和。物视其所一而不见其所丧，视丧其足犹遗土也。”

常季曰：“彼为己，以其知得其心，以其心得其常心。物何为最之哉?”仲尼曰：“人莫鉴于流水而鉴于止水。唯止能止众止。受命于地，唯松柏独也正，在冬夏青青；受命于天，唯尧、舜独也正，在万物之首。幸能正生，以正众生。夫保始之徵，不惧之实，勇士一人，雄入于九军。将求名而能自要者而犹若是，而况官天地、府万物、直寓六骸、象耳目、一知之所知而心未尝死者乎！彼且择日而登假，人则从是也。彼且何肎以物为事乎！”

申徒嘉，兀者也，而与郑子产同师于伯昏无人。子产谓申徒嘉曰：“我先出则子止，子先出则我止。”其明日，又与合堂同席而坐。子产谓申徒嘉曰：“我先出则子止，子先出则我止。今我将出，子可以止乎？其未邪？且子见执政而不违，子齐执政乎?”申徒嘉曰：“先生之门固有执政焉如此哉？子而说子之执政而后人者也。闻之曰：‘鉴明则尘垢不止，止则不明也。久与贤人处则无过。’今子之所取大者，先生也，而犹出言若是，不亦过乎!”

子产曰：“子既若是矣，犹与尧争善。计子之德，不足以自反邪?”申徒嘉曰：“自状其过以不当亡者众；不状其过以不当存者寡。知不可奈何而安之若命，唯有德者能之。游于羿之彀中。中央者，中地也；然而不中者，命也。人以其全足笑吾不全足者多矣，我怫然而怒，而适先生之所，则废然而反。不知先生之洗我以善邪？吾之自寐邪？吾与夫子游十九年矣，而未尝知吾兀者也。今子与我游于形骸之内，而子索我于形骸之外，不亦过乎!”子产蹴然改容更貌曰：“子无乃称!”

鲁有兀者叔山无趾，踵见仲尼。仲尼曰：“子不谨，前既犯患若是矣。虽今来，何及矣!”无趾曰：“吾唯不知务而轻用吾身，吾是以亡足。今吾来也，犹有尊足者存，吾是以务全之也。夫天无不覆，地无不载，吾以夫子为天地，安知夫子之犹若是也！”孔子曰：“丘则陋矣！夫子胡不入乎？请讲以所闻。”无趾出。孔子曰：“弟子勉之！夫无趾，兀者也，犹务学以复补前行之恶，而况全德之人乎！”

无趾语老聃曰：“孔丘之于至人，其未邪？彼何宾宾以学子为？彼且蕲以諔诡幻怪之名闻，不知至人之以是为己桎梏邪？”老聃曰：“胡不直使彼以死生为一条，以可不可为一贯者，解其桎梏，其可乎？”无趾曰：“天刑之，安可解！”

鲁哀公问于仲尼曰：“卫有恶人焉，曰哀骀它。丈夫与之处者，思而不能去也；妇人见之，请于父母曰‘与为人妻，宁为夫子妾’者，十数而未止也。未尝有闻其唱者也，常和人而已矣。无君人之位以济乎人之死，无聚禄以望人之腹，又以恶骇天下，和而不唱，知不出乎四域，且而雌雄合乎前，是必有异乎人者也。寡人召而观之，果以恶骇天下。与寡人处，不至以月数，而寡人有意乎其为人也；不至乎期年，而寡人信之。国无宰，而寡人传国焉。闷然而后应，氾若辞。寡人丑乎，卒授之国。无几何也，去寡人而行。寡人恤焉若有亡也，若无与乐是国也。是何人者也！”

仲尼曰：“丘也尝使于楚矣，适见㹠子食于其死母者。少焉眴若，皆弃之而走。不见己焉尔，不得类焉尔。所爱其母者，非爱其形也，爱使其形者也。战而死者，其人之葬也不以翣资；刖者之屦，无为爱之。皆无其本矣。为天子之诸御：不爪翦，不穿耳；取妻者止于外，不得复使。形全犹足以为尔，而况全德之人乎！今哀骀它未言而信，无功而亲，使人授己国，唯恐其不受也，是必才全而德不形者也。”

哀公曰：“何谓才全？”仲尼曰：“死生、存亡、穷达、贫富、贤与不肖、毁誉、饥渴、寒暑，是事之变、命之行也。日夜相代乎前，而知不能规乎其始者也。故不足以滑和，不可入于灵府。使之和豫，通而不失于兑。使日夜无郤，而与物为春，是接而生时于心者也。是之谓才全。”“何谓德不形？”曰：“平者，水停之盛也。其可以为法也，内保之而外不荡也。德者，成和之修也。德不形者，物不能离也。”

哀公异日以告闵子曰：“始也吾以南面而君天下，执民之纪而忧其死，吾自以为至通矣。今吾闻至人之言，恐吾无其实，轻用吾身而亡其国。吾与孔丘非君臣也，德友而已矣！”

闉跂支离无脤说卫灵公，灵公说之，而视全人：其脰肩肩。瓮盎大瘿说齐桓公，桓公说之，而视全人：其脰肩肩。故德有所长而形有所忘。人不忘其所忘而忘其所不忘，此谓诚忘。

故圣人有所游，而知为孽，约为胶，德为接，工为商。

圣人不谋，恶用知？不斲，恶用胶？无丧，恶用德？不货，恶用商？四者，天鬻也。天鬻者，天食也。既受食于天，又恶用人！

有人之形，无人之情。有人之形，故群于人；无人之情，故是非不得于身。眇乎小哉，所以属于人也；謷乎大哉，独成其天。

惠子谓庄子曰："人故无情乎？"庄子曰："然。"惠子曰："人而无情，何以谓之人？"庄子曰："道与之貌，天与之形，恶得不谓之人？"惠子曰："既谓之人，恶得无情？"庄子曰："是非吾所谓情也。吾所谓无情者，言人之不以好恶内伤其身，常因自然而不益生也。"惠子曰："不益生，何以有其身？"庄子曰："道与之貌，天与之形，无以好恶内伤其身。今子外乎子之神，劳乎子之精，倚树而吟，据槁梧而瞑。天选子之形，子以坚白鸣。"

大宗师第六

知天之所为，知人之所为者，至矣！知天之所为者，天而生也；知人之所为者，以其知之所知以养其知之所不知，终其天年而不中道夭者，是知之盛也。虽然，有患：夫知有所待而后当，其所待者特未定也。庸讵知吾所谓天之非人乎？所谓人之非天乎？且有真人而后有真知。

何谓真人？古之真人，不逆寡，不雄成，不谟士。若然者，过而弗悔，当而不自得也。若然者，登高不栗，入水不濡，入火不热，是知之能登假于道者也若此。

古之真人，其寝不梦，其觉无忧，其食不甘，其息深深。真人之息以踵，众人之息以喉。屈服者，其嗌言若哇。其耆欲深者，其天机浅。

古之真人，不知说生，不知恶死。其出不䜣，其入不距。翛然而往，翛然而来而已矣。不忘其所始，不求其所终。受而喜之，忘而复之。是之谓不以心捐道，不以人助天，是之谓真人。若然者，其心志，其容寂，其颡頯。凄然似秋，暖然似春，喜怒通四时，与物有宜而莫知其极。故圣人之用兵也，亡国而不失人心。利泽施乎万世，不为爱人。故乐通物，非圣人也；有亲，非仁也；天时，非贤也；利害不通，非君子也；行名失己，非士也；亡身不真，非役人也。若狐不偕、务光、伯夷、叔齐、箕子、胥余、纪他、申徒狄，是役人之役，适人之适，而不自适其适者也。

古之真人，其状义而不朋，若不足而不承；与乎其觚而不坚也，张乎其虚而不华也；邴邴乎其似喜也，崔崔乎其不得已也，滀乎进我色也，与乎止我德也，广乎其似世也，謷乎其未可制也，连乎其似好闭也，悗乎忘其言也。以刑为体，以礼为翼，以知为时，以德为循。以刑为体者，绰乎其杀也；以礼为翼者，所以行于世也；以知为时者，不得已于事也；以德为循者，言其与有足者至于丘也，而人真以为勤行者也。故其好之也一，其弗好之也一。其一也一，其不一也一。其一与天为徒，其不一与人为徒，天与人不相胜也，是之谓真人。

死生，命也；其有夜旦之常，天也。人之有所不得与，皆物之情也。彼特以天为父，而身犹爱之，而况其卓乎！人特以有君为愈乎己，而身犹死之，而况其真乎！

泉涸，鱼相与处于陆，相呴以湿，相濡以沫，不如相忘于江湖。与其誉尧而非桀也，不如两忘而化其道。

夫大块载我以形，劳我以生，佚我以老，息我以死。故善吾生者，乃所以善吾死也。夫藏舟于壑，藏山于泽，谓之固矣！然而夜半有力者负之而走，昧者不知也。藏小大有宜，犹有所遯。若夫藏天下于天下而不得所遯，是恒物之大情也。特犯人之形而犹喜之。若人之形者，万化而未始有极也，其为乐可胜计邪？故圣人将游于物之所不得遯而皆存。善妖善老，善始善终，人犹效之，又况万物之所系而一化之所待乎！

夫道有情有信，无为无形；可传而不可受，可得而不可见；自本自根，未有天地，自古以固存；神鬼神帝，生天生地；在太极之先而不为高，在六极之下而不为深，先天地生而不为久，长于上古而不为老。豨韦氏得之，以挈天地；伏戏氏得之，以袭气母；维斗得之，终古不忒；日月得之，终古不息；堪坏得之，以袭昆仑；冯夷得之，以游大川；肩吾得之，以处大山；黄帝得之，以登云天；颛顼得之，以处玄宫；禺强得之，立乎北极；西王母得之，坐乎少广，莫知其始，莫知其终；彭祖得之，上及有虞，下及五伯；傅说得之，以相武丁，奄有天下，乘东维、骑箕尾而比于列星。

南伯子葵问乎女偊曰："子之年长矣，而色若孺子，何也?”曰:“吾闻道矣。”南伯子葵曰:“道可得学邪?”曰:“恶!恶可!子非其人也。夫卜梁倚有圣人之才而无圣人之道,我有圣人之道而无圣人之才。吾欲以教之,庶几其果为圣人乎?不然,以圣人之道告圣人之才,亦易矣。吾犹守而告之,参日而后能外天下;已外天下矣,吾又守之,七日而后能外物,已外物矣,吾又守之,九日而后能外生;已外生矣,而后能朝彻;朝彻而后能见独;见独而后能无古今;无古今而后能入于不死不生。杀生者不死,生生者不生。其为物无不将也,无不迎也,无不毁也,无不成也。其名为撄宁。撄宁也者,撄而后成者也。”

南伯子葵曰:“子独恶乎闻之?”曰:“闻诸副墨之子,副墨之子闻诸洛诵之孙,洛诵之孙闻之瞻明,瞻明闻之聂许,聂许闻之需役,需役闻之于讴,于讴闻之玄冥,玄冥闻之参寥,参寥闻之疑始。”

子祀、子舆、子犁、子来四人相与语曰:“孰能以无为首，以生为脊，以死为尻；孰知死生存亡之一体者，吾与之友矣！”四人相视而笑，莫逆于心，遂相与为友。俄而子舆有病，子祀往问之。曰：“伟哉，夫造物者将以予为此拘拘也。”曲偻发背，上有五管，颐隐于齐，肩高于顶，句赘指天，阴阳之气有沴，其心闲而无事，跰𨇤而鉴于井，曰：“嗟乎！夫造物者又将以予为此拘拘也。”

子祀曰：“女恶之乎？”曰：“亡，予何恶！浸假而化予之左臂以为鸡，予因以求时夜；浸假而化予之右臂以为弹，予因以求鸮炙；浸假而化予之尻以为轮，以神为马，予因以乘之，岂更驾哉！且夫得者，时也；失者，顺也。安时而处顺，哀乐不能入也，此古之所谓县解也，而不能自解者，物有结之。且夫物不胜天久矣，吾又何恶焉！”

俄而子来有病，喘喘然将死。其妻子环而泣之。子犁往问之，曰：“叱！避！无怛化！”倚其户与之语曰：“伟哉造化！又将奚以汝为？将奚以汝适？以汝为鼠肝乎？以汝为虫臂乎?”子来曰:“父母于子,东西南北,唯命之从,阴阳于人,不翅于父母。彼近吾死而我不听,我则悍矣,彼何罪焉?夫大块载我以形,劳我以生,佚我以老,息我以死。故善吾生者,乃所以善吾死也。今大冶铸金,金踊跃曰:‘我且必为镆铘!’大冶必以为不祥之金。今一犯人之形而曰:‘人耳!人耳!’夫造化者必以为不祥之人。今一以天地为大炉,以造化为大冶,恶乎往而不可哉!”成然寐,蘧然觉。

子桑户、孟子反、子琴张三人相与友,曰:“孰能相与于无相与,相为于无相为?孰能登天游雾,挠挑无极,相忘以生,无所穷终?”三人相视而笑,莫逆于心。遂相与友。

莫然有间,而子桑户死,未葬。孔子闻之,使子贡往侍事焉。或编曲,或鼓琴,相和而歌曰:“嗟来桑户乎!嗟来桑户乎!而已反其真,而我犹为人猗!”子贡趋而进曰:

“敢问临尸而歌，礼乎?”二人相视而笑曰：“是恶知礼意!”子贡反，以告孔子曰：“彼何人者邪? 修行无有而外其形骸，临尸而歌，颜色不变，无以命之。彼何人者邪?”孔子曰：“彼游方之外者也，而丘游方之内者也。外内不相及，而丘使女往吊之，丘则陋矣! 彼方且与造物者为人，而游乎天地之一气。彼以生为附赘县疣，以死为决疣溃痈。夫若然者，又恶知死生先后之所在! 假于异物，托于同体；忘其肝胆，遗其耳目；反复终始，不知端倪；芒然仿徨乎尘垢之外，逍遥乎无为之业，彼又恶能愦愦然为世俗之礼，以观众人之耳目哉!”

子贡曰：“然则夫子何方之依?”孔子曰：“丘，天之戮民也。虽然，吾与汝共之。”子贡曰：“敢问其方?”孔子曰：“鱼相造乎水，人相造乎道。相造乎水者，穿池而养给；相造乎道者，无事而生定。故曰：鱼相忘乎江湖，人相忘乎道术。”子贡曰：“敢问畸人。”曰：“畸人者，畸于人而侔于天。故曰：天之小人，人之君子；人之君子，天之小人也。”

颜回问仲尼曰：“孟孙才，其母死，哭泣无涕，中心不戚，居丧不哀。无是三者，以善处丧盖鲁国，固有无其实而得其名者乎？回壹怪之。”仲尼曰：“夫孟孙氏尽之矣，进于知矣，唯简之而不得，夫已有所简矣。孟孙氏不知所以生，不知所以死。不知就先，不知就后。若化为物，以待其所不知之化已乎。且方将化，恶知不化哉？方将不化，恶知已化哉？吾特与汝，其梦未始觉者邪！且彼有骇形而无损心，有旦宅而无情死。孟孙氏特觉，人哭亦哭，是自其所以乃。且也相与‘吾之’耳矣，庸讵知吾所谓‘吾之’乎？且汝梦为鸟而厉乎天，梦为鱼而没于渊。不识今之言者，其觉者乎？其梦者乎？造适不及笑，献笑不及排，安排而去化，乃入于寥天一。”

意而子见许由，许由曰：“尧何以资汝？”意而子曰：

“尧谓我：汝必躬服仁义而明言是非。”许由曰：“而奚来为轵？夫尧既已黥汝以仁义，而劓汝以是非矣。汝将何以游夫遥荡恣睢转徙之涂乎？”

意而子曰：“虽然，吾愿游于其藩。”许由曰：“不然。夫盲者无以与乎眉目颜色之好，瞽者无以与乎青黄黼黻之观。”意而子曰：“夫无庄之失其美，据梁之失其力，黄帝之亡其知，皆在炉捶之间耳。庸讵知夫造物者之不息我黥而补我劓，使我乘成以随先生邪？”许由曰：“噫！未可知也。我为汝言其大略：吾师乎！吾师乎！齑万物而不为义，泽及万世而不为仁，长于上古而不为老，覆载天地、刻雕众形而不为巧。此所游已！”

颜回曰：“回益矣。”仲尼曰：“何谓也？”曰：“回忘仁义矣。”曰：“可矣，犹未也。”他日复见，曰：“回益矣。”曰：“何谓也？”曰：“回忘礼乐矣！”曰：“可矣，犹未也。”他日复见，曰：“回益矣！”曰：“何谓也？”曰：“回坐忘矣。”仲尼蹴然曰：“何谓坐忘?”颜回曰：“堕肢体，黜聪明，离形去知，同于大通，此谓坐忘。”仲尼曰：“同则无好也，化则无常也。而果其贤乎！丘也请从而后也。”

子舆与子桑友。而霖雨十日，子舆曰：“子桑殆病矣!”裹饭而往食之。至子桑之门，则若歌若哭，鼓琴曰：“父邪！母邪！天乎！人乎!”有不任其声而趋举其诗焉。子舆入，曰：“子之歌诗，何故若是?”曰：“吾思夫使我至此极者而弗得也。父母岂欲吾贫哉？天无私覆，地无私载，天地岂私贫我哉？求其为之者而不得也！然而至此极者，命也夫!”

应帝王第七

啮缺问于王倪，四问而四不知。啮缺因跃而大喜，行以告蒲衣子。蒲衣子曰："而乃今知之乎？有虞氏不及泰氏。有虞氏其犹藏仁以要人，亦得人矣，而未始出于非人。泰氏其卧徐徐，其觉于于。一以己为马，一以己为牛。其知情信，其德甚真，而未始入于非人。"

肩吾见狂接舆。狂接舆曰："日中始何以语女？"肩吾曰："告我：君人者以己出经式义度，人孰敢不听而化诸！"狂接舆曰："是欺德也。其于治天下也，犹涉海凿河而使蚊负山也。夫圣人之治也，治外乎？正而后行，确乎能其事者而已矣。且鸟高飞以避矰弋之害，鼷鼠深穴乎神丘之下以避熏凿之患，而曾二虫之无知？"

天根游于殷阳，至蓼水之上，适遭无名人而问焉，曰："请问为天下。"无名人曰："去！汝鄙人也，何问之不豫也！予方将与造物者为人，厌则又乘夫莽眇之鸟，以出六极之外，而游无何有之乡，以处圹埌之野。汝又何帠以治天下感予之心为？"又复问。无名人曰："汝游心于淡，合气于漠，顺物自然而无容私焉，而天下治矣。"

阳子居见老聃，曰："有人于此，向疾强梁，物彻疏明，学道不勧。如是者，可比明王乎？"老聃曰："是於圣人也，胥易技系，劳形怵心者也。且也虎豹之文来田，猨狙之便执斄之狗来藉。如是者，可比明王乎？"阳子居蹴然曰："敢问明王之治。"老聃曰："明王之治：功盖天下而似不自己，化贷万物而民弗恃。有莫举名，使物自喜。立乎不测，而游于无有者也。"

郑有神巫曰季咸，知人之死生、存亡、祸福、寿夭，期以岁月旬日若神。郑人见之，皆弃而走。列子见之而心醉，归，以告壶子，曰："始吾以夫子之道为至矣，则又有至焉者矣。"壶子曰："吾与汝既其文，未既其实。而固得道与？众雌而无雄，而又奚卵焉！而以道与世亢，必信，夫故使人得而相汝。尝试与来，以予示之。"

明日，列子与之见壶子。出而谓列子曰："嘻！子之先生死矣！弗活矣！不以旬数矣！吾见怪焉，见湿灰焉。"列子入，泣涕沾襟以告壶子。壶子曰："乡吾示之以地文，萌乎不震不正，是殆见吾杜德机也，尝又与来。"明日，又与之见壶子。出而谓列子曰："幸矣！子之先生遇我也，有瘳矣！全然有生矣！吾见其杜权矣！"列子入，以告壶子。壶子曰："乡吾示之以天壤，名实不入，而机发于踵。是殆见吾善者机也。尝又与来。"明日，又与之见壶子。出而谓列子曰："子之先生不齐，吾无得而相焉。试齐，且复相之。"列子入，以告壶子。壶子曰："吾乡示之以太冲莫胜，是殆见吾衡气机也，鲵桓之审为渊，止水之审为渊，流水之审为渊。渊有九名，此处三焉。尝又与来。”明日，又与之见壶子。立未定，自失而走。壶子曰：“追之！”列子追之不及。反，以报壶子曰：“已灭矣，已失矣，吾弗及已。”壶子曰：“乡吾示之以未始出吾宗。吾与之虚而委蛇，不知其谁何，因以为弟靡，因以为波流，故逃也。”然后列子自以为未始学而归。三年不出，为其妻爨，食豕如食人，于事无与亲。雕琢复朴，块然独以其形立。纷而封哉，一以是终。

无为名尸，无为谋府，无为事任，无为知主。体尽无穷，而游无朕。尽其所受乎天而无见得，亦虚而已！至人之用心若镜，不将不迎，应而不藏，故能胜物而不伤。

南海之帝为儵，北海之帝为忽，中央之帝为浑沌。儵与忽时相与遇于浑沌之地，浑沌待之甚善。儵与忽谋报浑沌之德，曰：“人皆有七窍以视听食息。此独无有，尝试凿之。”日凿一窍，七日而浑沌死。

后 记

我喜欢庄子，缘于对《逍遥游》的喜欢。

当时，我正在做关于《红楼梦》的研究。因为要读懂《红楼梦》，必须要懂儒释道思想，至少要知其要义，所以稍注意于庄子之学。

在写《红楼梦》研究文字的同时，我写了一篇关于《逍遥游》的文章，也就是这里的第一篇。我的领导也是文化兄长巴易尘先生看了之后，对我大加鼓励："关于庄子的书，我比你多，我也读过一些关于《逍遥游》的文章，你这是最通透的一篇。"同时也得到了一些素不相识的网友的赞赏。这是我继续研读庄子的巨大动力。

近一段时间，我在工作之余，边读边写，形成了现在这些文字。这些文字，得到了赤峰市社科类刊物《松州》学刊编辑部领导的认可，作了连载；得到了中华书局老编审柴剑虹先生、岳麓书社许静编辑、安徽省庄子研究会领导以及我的老师曲龙先生的肯定；还有我身边朋友的赞许和鼓励。

在此，一并致谢！

特别要感谢的，是黄山书社的韩开元先生、欧阳慧娟女史和参与审稿、编辑的书社的各位领导和专家，他们为我小书的出版，给予了关注和认可。

书中定有不妥之处，敬请方家指正！

2017 年 11 月 18 日